2025

日本交通法学会 編

社会状況変化を背景とした
人身損害における逸失利益算定

交通法研究 第52号

有 斐 閣

目　次

シンポジウム

人身損害における逸失利益算定をめぐる現状と課題

司会 大塚 直
（早稲田大学法学学術院教授）
奥田直之
（理事・弁護士）

総合司会・新藤えりな（理事）　シンポジウムを開始いたします。本日のシンポジウムのテーマは、「人身損害における逸失利益算定をめぐる現状と課題」です。報告者は、元大阪高等裁判所部総括判事で、現在関西学院大学司法研究科教授・弁護士である大島眞一先生、龍谷大学法学部教授の若林三奈先生、立命館大学名誉教授である吉村良一先生、岡山地方裁判所判事の溝口優様です。以上の四名の皆様からご報告及びご発言をいただきます。本シンポジウムの司会は、早稲田大学法学学術院教授の大塚直先生と、大阪弁護士会所属弁護士で、当学会理事の奥田直之理事が行います。

それでは、司会の両先生よろしくお願いいたします。

司会・大塚　大塚です。本日は、このような機会を与えていただきましてありがとうございます。どうぞよろしくお願いいたします。

報告1　逸失利益算定の現在と課題

——実務からの問題提起——

大島眞一
（関西学院大学教授・弁護士
元大阪高等裁判所部総括判事）

司会・奥田　大阪の弁護士の奥田と申します。本日はよろしくお願いいたします。それでは早速、大島先生のお話からさせていただきたいと思います。大島先生をご紹介いたしますが、大島眞一先生は、現在、関西学院大学教授並びに弁護士をされています。ご略歴なんですけれども、昭和五九年三月に神戸大学法学部を卒業され、同年四月に司法修習、司法修習の期は三八期と伺っています。昭和六一年四月に任官されて大阪地裁判事補、函館地家裁判事補、最高裁家庭局付、郵政省出向を経られて、平成八年京都地裁判事。以後、大阪地裁、大阪高裁、大阪家裁、京都地裁各判事等を経て、徳島地家裁所長、奈良地家裁所長を経られ、令和五年九月に大阪高裁部総括判事で定年退官されました。同年に、大阪弁護士会に登録されて、今年の四月から関西学院大学教授に就任されるということであります。

本学会に関するものとしての著書としましては、「交通事故訴訟のこれから」（判例タイムズ一四八三号）、『改訂版　交通事故事件の実務—裁判官の視点—』（新日本法規・二〇二三年）というものがあります。その他、民事訴訟等に関連しまして、先生にはロースクール生必携の各著書があります。それでは、先生、よろしくお願いいたします。

ご紹介いただきました大島です。本日は、逸失利益の算定につきまして、考えているところを述べさせていただければと思います。司会の方からご丁寧なご紹介をいただき、ありがとうございます。本日皆さん方、どうぞよろしくお願いいたします。

1　はじめに

まず、今、交通事故訴訟というのは大きな転換期を迎えているのではないかと思います。吉村先生が発表されます障害者の逸失利益は注目されていますし、年少女子の死亡逸失利益も、女性労働者の賃金の上昇によりまして、男女併せた労働者の平均賃金で生活費控除率を四五％で計算した額が、女性労働者の平均賃金で生活費控除率を三〇％で計算した額を下回ることになっています。また、六七歳という就労可能期間の終期も見直すべき時期に来ているのではないかと思います。

今日は、現在の状況を踏まえまして、逸失利益が抱えている課題と解決すべき方向性について、考えているところをお話しさせていただければと思います。

2　年少女子の逸失利益

まず、年少女子の逸失利益については、かつては二五歳までとする裁判例が結構ありました。例えば、最判昭和四九年七月一九日（民集二八・五・八七二）の原審であります東京高判昭和四四年三月二八日（民集二八・五・八八九）は、七歳の女子が昭和四〇年に交通事故で死亡したという事案につきまして、次のとおり述べて、二五歳以降の逸失利益を認めませんでした。要約ですけれども、「事故当時の統計によれば、女子の平均初婚年齢は二五歳、全企業の女子労働者の平均年齢は二八・一歳、平均勤続年数は三・九年であるから、被害者は二五歳に達すると同時に結婚して離職する。」

この判決は、当時例外的な判決ではなく、同様の判断をする裁判例として、大阪地判昭和四二年四月一九日（判タ二〇五・二〇九）等があります。しかし、最判昭和四九年七月一九日は、その事案につきまして、妻が自ら家事労働に従事することにより、財産上利益を上げており、それを金銭的に評価すると、平均稼働年数に達するまで女性労働者の平均賃金に相当する財産上の収益を上げるものと推定するのが相当であるとして逸失利益を認めました。

その後、年少女子について、女性労働者の平均賃金とすることで固まり、最高裁判決も幾つかありましたが、平成一五年頃から下級審裁判例の積み重ねにより、現在、男女を併せた全年齢平均賃金（生活費控除率四五％）とすることになっています。

今後の課題は、女子について男女併せた平均賃金を使っても、男子は男性の平均賃金を使っているので依然として差がある、という点です。生活費控除率で調整するというのは、死亡事案ではある程度使えますが、後遺障害事案では使えません。解決策の一つとして、男女とも男女を併せた全労働者の賃金センサスを使うという方法がありますが、男性の逸失利益が減るのをどう考えるのか、それもやむを得ないと考えるのか、という問題があります。

そこで、かなり以前から、女子についても男性の平均賃金を使うべきであるという見解が主張されています。主な文献をレジュメの注1で掲げました。その根拠としましては、例えば羽成守先生は、女性の場合、働きながらも家事に従事する者が多く、女性労働者の賃金が労働の対価として客観性のある額とは評価できず、労働の対価としての賃金を正しく反映している男性労働者の賃金を使うべきであるということを挙げておられます。

しかし、これに対しては、客観性のある額の意義が明確ではなく、男性の賃金が労働の対価としての賃金を正しく反映している根拠が明確でないという批判があります。

ところで、最近注目すべき統計があります。先ほど述べましたとおり、死亡事案につき、平成一五年頃から年少女子につきまして、男女併せた全労働者の賃金センサスを用いて生活費控除率を四五％とする運用が行われております。これは男性の賃金センサスを上回らないようにするためですが、令和三年の賃金センサス以降、それで計算しますと、女性労働者の平均賃金を用いて生活費控除率を三〇％とした額を下回ることになります。三〇％というのは、赤本が採用している見解で、一般的にとらえている見解かと思います。

令和五年賃金センサスで具体的に見ますと、次のとおりとなります。

［一〇歳の男子が死亡した場合（男性労働者の学歴計賃金センサスを用い、生活費控除率を五〇％）］

569万8200円×（1－0.5）×（27.1509－7.0197）＝5735万5801円

［一〇歳の女子が死亡した場合（女性労働者の学歴計賃金センサスを用い、生活費控除率を三〇％）］

399万6500円×（1－0.3）×（27.1509－7.0197）＝5631万8038円

［一〇歳の女子が死亡した場合（全労働者の学歴計賃金センサスを用い、生活費控除率を四五％）］

506万9400円×（1－0.45）×（27.1509－7.0197）＝5612万9207円

つまり、死亡事案につきまして、年少女子について、全労働者を用いて賃金を上げた意味がなく、女性賃金を用いて生活費控除率三〇％としたほうが高額になっています。その原因は言うまでもなく、女性賃金が上昇しているためです。男女併せた全労働者の平均賃金・生活費控除率四五％で計算した額が女性労働者の平均賃金・生活費控除率三〇％で計算した額を下回るのを回避するために、全労働者の平均賃金で生活費控除率を四〇％としますと、約六一二〇万円となって女性労働者を上回りますが、男性労働者も上回ることになってしまいます。そうしますと、女性労働者の生活費控除率を三〇％から三五％に上げれば、約五二三〇万円となり、三者間の均衡は保たれますが、いかにも恣意的な感じがしますし、何より女性はこれまで生活費控除率三〇％で五六三〇万円余りの逸失利益を取得できたのに、女性の賃金は上昇しているのに、逆に三者間の均衡から約五二三〇万円に減額することの相当性も問われます。こういったことを考えますと、解決策としては、年少女子についても男性の賃金センサスを使うのが相当ではないかと思うわけです。

男性労働者と女性労働者の各賃金を比較しますと、レジュメの八頁目をご覧下さい。図1に書きましたように、二〇二三年（令五）は少し差が開きましたが、概ね両者の格差が縮まる傾向にあるのは確かだと思います。現在、男女間で約三〇ポイントの差があります。約三〇ポイントというのは年収で見た場合で、基本給（月収）で比較しますと、約二五ポイントということになります。これは男性が残業代とボーナスが多いことが影響していると考えられます。

二〇二二年（令四）には、女性活躍推進法による法改正が全面施行されるなど、男女の賃金の格差解消に向けた取組もされているという昨今の情勢からしますと、男女間の賃金の差が、今後もさらに縮まるものと考えることができます。年少女子、例えば〇歳の女子としますと、将来的に一八年後から六七年後のことです。そのときには男性と同程度の賃金を取得すると考えることが不当とは言えないと思います。つまり、女性活躍のための諸政策がとられており、女性賃金が男性賃金に近づいていっているのですから、年少女子について、男性賃金を使うのが相当と言えるのではないかと考えます。なお、従前言われていました女性賃金に家事労働分を加えるという考え方でありますと、男性の賃金が労働の対価としての賃金を正しく反映している根拠が明確でないなどという批判がありますので、現在では女性賃金が男性賃金に近づいていっており、将来的に男性賃金と同じになるという予測を立てることが不合理ではないという理由によって男性賃金を使うのが相当ではないかと思うわけです。

これに対しましては、将来、女性賃金が男性賃金と同じになるとは考えられないという反論が考えられます。この点については、例えば〇歳の女子ですと、一八年後から六七年後までの賃金を予測するというものです。現在の統計数値の平均値がその間続くと考えるのか、つまり、現在男女間で約二五から三〇ポイントの差がありますが、その差が今後も続くと考えるのか、あるいは、統計は時代の推移に伴う変遷を示すものととらえて、一定の方向性を読み取って、統計データを将来の予測のための道具とするのか、つまり、女性賃金の上昇により、男女間の差が更に縮まると考えるかという事実認定の手法の違いがあります。後者のほうが、より正確な事実認定となるものと考えます。そして、女性の平均賃金が男性の平均賃金にどれだけ接近するかというのは、将来のことであり、誰も分からないのでありますから、男女平等の理念という規範的要素を加味しまして、男性の平均賃金と同額とするのがよいのではないかと思うわけです。

民訴法二四八条は、「損害の性質上その額を立証することが極めて困難であるときは、……相当な損害額を認定することができる」と定めており、立法担当者により、例示として事故により死亡した幼児の逸失利益が挙げられています。逸失利益は、将来の損害であり、損害の性質上その額を立証することが極めて困難な場合ですから、民訴法二四八条により、「相当な損害額」として女性も男性と同額とするのがよいのではないかと思うわけであります。なお、民訴法二四八条については若林先生が論じられると聞いています。

冒頭で述べました東京高判昭和四四年三月二八日の七歳の被害者である女子が二五歳で結婚し以後は無職であるという事実認定は、その当時の状況に基づいたものであり、将来の予測の問題であることを忘れているように思います。

なお、女性に男性労働者の平均賃金を使うことに違和感があるかもしれません。しかし、現在、主婦（主夫）業をしている男性について女性労働者の平均賃金を使っており、これは下級審裁判例としては数多くあります。要はいかなる統計を使うのが相当かという問題であって、男性、女性という区別ではなくなっていると思います。ちなみに、女性裁判官や女性の裁判職員で妻が働き、夫が専業主夫になっている人は最近かなり増えています。

以上からしますと、年少女子の賃金として「男性労働者」の平均賃金を使うのが相当であり、そうすることによって、「男女を併せた賃金・生活費控除率四五％」が「女性賃金・生活費控除率三〇％」を下回る事態を避けることができ、真に男女平等が実現できるのではないかと考えます。

3　就労可能年齢

次に就労の終期について考えます。赤い本、青本、大阪基準とも就労可能年齢の終期を六七歳と定めています。六七歳というのは、一九六五年（昭四〇）、今から約六〇年前の第一二回生命表の男性の平均寿命（六七・七四歳）を基に決められたもので、その後一度も改訂されることなく現在に至っています。六七歳と決められる前は、六〇歳、あるいは六三歳として運用されていましたが、昭和四八年に定められた自賠責査定要項で六七歳と定められ、昭和四九年に定められたいわゆる沖野基準で六七歳と明記されました。

この経緯は、レジュメの注4で掲げました垣内先生の最近の論文が詳しいです。東京地裁において、最後に算定基準を表しました沖野裁判長は、「寿命延長傾向にかんがみ、就労可能年数も早晩改訂を免れまい」と述べています（判タ三一〇号五九頁。一九七四）が、それから一度も改訂されることなく、現在に至っています。

レジュメ九頁目の図3をご覧いただきたいのですが、平均寿命は増加の一途をたどっており、男性ですと八一・五六歳と、一九六五年（昭四〇）と比べますと、一三・八二歳延びています。女性ですと一四・七九歳延びています。令和三年四月一日に施行されました改正高年齢者等の雇用の安定等に関する法律によりますと、⑴七〇歳までの定年の引上げ、⑵七〇歳までの継続雇用制度の導入、⑶定年制の廃止のいずれかの措置を講じるよう努めるとされ、七〇歳までの就業機会の確保に向けて踏み出しています。

裁判官でも六五歳で定年を迎え、その後働かないという人がかつては結構いたように思いますが、今やごく少数という状況です。簡裁判事、公証人、弁護士等で勤務する人が圧倒的に多いわけです。ここに来られている方も、赤本等が就労可能年齢の終期と定める六七歳を超えている方も少なくないと思いますが、働いている方が多いように見受けられ、無職という方は少ないのではないかと思います。

例えば、現在〇歳の幼児が交通事故で死亡した場合を考えますと、今から約七〇年先（二一〇〇年近く）にいつまで勤務するかという問題でありまして、七〇歳は当然のことで、七五歳位までは勤務しているのではないかと思うところです。なお、垣内先生の先ほどの論文は、「現時点においては、現行の六七歳という年齢が、現在の高齢者の就労状況や企業の高齢者雇用のための措置の達成状況に照らして、まったく適合していないとまでは言い難いと思われる。……今後、高齢者が七〇歳まで就労することが通常となり、企業が七〇歳までの就労を受け入れる措置を取ることが一般的になったことが、統計資料から明らかになった場合（たとえば七〇～七四歳の就業率が五〇％を超え、七〇歳までの高年齢者就業確保措置を実施済みの企業が五〇％を超えた場合等が考えられようか）には、現行の六七歳基準を見直すことを検討してよいのではないかと考える」とされています。

しかし、この問題は、被害者が六七歳になった時点での就労可能性を見ているわけです。例えば、被害者が若年者でいまだ就労を開始していない場合としますと、半世紀先まで見越した予測の問題であって、現在の状況をそのまま採用すべきではないと思います。先ほど述べましたように、現在の統計数値から一定の方向性を読み取って判断すべきだと思います。

結論としまして、就労可能年数は早急に七〇歳に引き上げるべきだと思います。

4　年少障害者の逸失利益

次に、年少障害者の逸失利益についてですが、これは吉村良一先生が詳しく述べられると聞いていますので、簡単に触れさせていただきます。

私は、近年大きな注目を集めていることに注目しています。大阪地判令和五年二月二七日（判タ一五一六・一九八）は、当日のＮＨＫのトップニュースでした。交通事故というのは、死傷者が多数という大事故でない限り、これほど注目されることはなかったと思います。それだけ障害者に対していかなる対応をとるかが現在注目されています。

大阪地判令和五年二月二七日のような聴覚障害者について言いますと、大阪地判は、死亡時である平成三〇年時点では、聴覚障害者の平均収入は、全労働者平均賃金の約七〇％ですが、それを採用せずに、被害者の能力や障害者法制の整備による就労の機会、環境の整備、技術の発達等によって、被害者が将来就労する時点においては、聴覚障害者の収入は増加していると述べており、逸失利益が将来予測の問題であることを示しています。

他方、現在のテクノロジーの発達と合理的配慮により、障害による影響が小さくなると見ていますが、どの程度の変化があるかを認定することは困難であることから八五％が相当である、としたものです。

今後半世紀の賃金の動きを予測することは正直無理ですが、年少障害者について、テクノロジーの発達や合理的配慮等により、健常者との就労可能性や労働能力の差が徐々にではあるがなくなっていくのは確かであると思います。また、本年四月から障害者差別解消法が努力義務から法的義務に格上げされています。こうしたことを背景としまして、職種によっては健常者と同額の給与を取得することも十分にあり得ることだと思います。そうだとしますと、年少障害者について全労働者の平均賃金を認めてもおかしくないと思います。

これに対しては、障害者については後遺障害等級表で、労働能力喪失率が定められている、例えば、両耳の聴覚を全く失った者は後遺障害等級4級で労働能力喪失率は九二％と定められているという反論が考えられます。

そこで、以下、後遺障害等級表について触れさせていただきます。

5　後遺障害等級表

私がはじめて交通事故を担当したのは、神戸地裁尼崎支部、今から二五年ほど前で、その時はじめて後遺障害等級表を見ました。5級が七九％、4級が九二％、3級が一〇〇％になっていますが、5級と4級の間は一三ポイントあるのに、

4級と3級の間が八ポイントしかなく、4級の記載は誤記ではないかと思ったのを思い出します。そのとき他の多くの種類の事件を担当しており、当該書籍の誤記ではないことを確認しただけで、深く考えることはありませんでした。

その後、大阪地裁の交通部に配属となって、いかなる根拠で後遺障害等級表ができているのかを知って、ちょっとびっくりしました。つまり、基本的に今から一〇〇年近く前の一九三一年（昭六）にできました労働者災害扶助法施行令別表に基づいており、工場労働者の災害補償を目的としたものであったわけです。この点の経緯は、羽成先生のレジュメ注6で掲げた論文に詳しく書かれています。

昭和二二年に自賠法の後遺障害等級表の基礎となった労働基準法七七条別表第1、現在の別表第2ができましたが、労働能力喪失率は、補償日数を一〇で割ったものであり、科学的調査結果を割り出したものではないわけです。前記の例では、3級は一〇五％になるので一〇〇％にしているにすぎませんし、7級の五六％、細かい数字を出していますけれども、補償日数は五六〇日であることから、五六％にしたにすぎず、根拠があるものではありません。

昭和四〇年代に算定基準を策定してまもなくの東京地裁の原島克己裁判官も、レジュメの注7に掲げました論文で、「労基法七七条に基づく障害補償日数をそのまま％におきかえた程度の大ざっぱなもので、職種の差異等は考慮されていないのであるから、その使用にあたっては具体的な事情をも参酌したかなりの修正が必要となることは当然であって、これ自体を当部の基準として採用しているものではない。」と述べています。つまり、東京地裁の基準とするものではないということを明確に述べているわけです。

また、そもそも後遺障害等級は一般的なものを規定しているのであり、裁判は、個別的な事案ごとの結果の妥当性が問われていますので、後遺障害等級表と異なることは当然のことと思います。

大阪高裁の時の経験を申しますと、ある人が事故で片足が短くなるということがありました。労働能力喪失率につき、後遺障害等級表によりますと、三センチ以上短縮すると10級に、一センチ以上三センチ未満は13級に該当しますので、三センチを上回るか微妙な事案だったのですが、双方とも後遺障害等級10級か13級かで争っていました。しかし、三センチ程度短くなったということを前提として、どの程度の収入減や仕事上・生活上の支障があるかという観点から主張、立証すべきであって、後遺障害等級表を法令のように考えることは誤っていると思います。

現在、訴訟実務においては、後遺障害等級を確定させ、それをそのまま後遺障害等級表に当てはめて労働能力喪失率を得るという手順が圧倒的多数を占めており、外貌醜状など類型的に労働能力に影響を与えにくいと評価される一部の後遺障害を除けば、後遺障害等級表と異なる労働能力喪失率を認定する事案は少数にとどまるといわれています。

しかし、私は、後遺障害等級認定について、もっと弾力的な運用を考えるべきではないかと思います。赤い本（二〇二四年版・一〇七頁）は、労働省労働基準局長通牒別表の労働能力喪失率表を「参考」とし、被害者の職業、年齢、性別、後遺症の部位、程度、事故前後の稼働状況等を総合的に判断するとし、青本（二九訂版・八四頁）は、「参考」ではなく、「基準」という用語を使っているのはやや気になる点ではありますが、同じ趣旨のことを述べています。

このように、後遺障害等級表はかなり昔に作られたものであり、その信用性には疑問があります。聴覚障害者について、後遺障害等級表で両耳の聴力を失った者は4級（労働能力喪失率九二％）と定められていることは、具体的な当該障害者の逸失利益の算定に影響を与えるものではないと考えます。

6　死亡慰謝料・生活費控除率の基準

近年は、共働き夫婦が増えています。レジュメ一〇頁目の図4をご覧下さい。一九九〇年頃までは、専業主婦が多かったのですが、一九九〇年代はほぼ拮抗し、二〇〇〇年以降は、共働き世帯が増えて専業主婦が減り、現在は三倍近い差を付けて、共働き世帯が多いわけです。算定基準も、そのことを意識したものにする必要があるのではないかと思います。

赤い本や青本は、「一家の支柱」という用語を使っていますが、もともと昭和四〇年代に算定基準が策定された当時、夫が働き、妻は家事をするというのが一般的で、経済的な支えという意味で「一家の支柱」という用語が使われたと考えられます。ところが、レジュメ九頁目の図5をご覧いただきたいのですが、今や女性の生産年齢人口（一五～六四歳）の就業率は七三・三％（一〇年前は六二・四％）で、年代別では、二五～三四歳は八二・五％、三五～四四歳は七九・二％と一〇年前より一〇ポイント以上高いわけです。

共働き世帯の場合、どちらか収入が多い者が一家の支柱で、他方の者が一家の支柱に準ずるもの、あるいは母親、配偶者といってよいか、両者の収入が拮抗しているので、両方とも一家の支柱と言えるとすると、片方が交通事故で死亡した場合、他方に一家の支柱が死亡したとして高額の慰謝料を認めるのでよいかなどの問題が生じます。配偶者の一方の収入が他方を相当上回っている場合と両者の収入が拮抗している場合、それぞれ子がいる場合に分けて、骨格を示す必要があるのではないかと思います。さらに言いますと、現在夫婦の三組に一組は離婚しており、再婚する人も相当数いますが、シングルマザー・ファーザーが未成年の子を養育している場合も多いと思います。その場合の骨格を示す必要があるのではないかと思います。

この点については、レジュメの注9で掲げました赤い本の二〇〇九年の中辻雄一朗裁判官は、離婚後の子や親に対する扶養的要素、収入の多寡、共働きか否かによって生活費控除率を論じていますし、垣内恵子先生や松居英二先生は、高収入の女性や共働き夫婦について、生活費控除率の分析を行っています。

算定基準におきましても、共働き夫婦について、一定の枠組みを作るのが現状に合っているのではないかと思います。つまり、算定基準を現実に合ったものにする必要があり、共働き夫婦を基本にすべきだと思います。

脱線するようですが、赤い本の基準である「一家の支柱」、「母親、配偶者」、「その他」という三区分というのはちょっと気になるところです。「母親、配偶者」は平成六年から、従前「母親（妻）」だったのを「母親・配偶者」に変更しています。共働き夫婦が増加し、妻である女性が一家の支柱であることも珍しくなくなっているとの考えに基づくと説明されていますが、なぜ「配偶者」としなかったのか、母親が残っているのかがよく分かりません。平成六年の変更当時の赤い本を見ても、変更に関する説明はありません。父親は出てきませんが、働かずに家事を担当している父親がここに入るのか、はっきりしません。男性が家事労働に従事する場合も含まれると考えるのであれば、母親を除いて配偶者とすれば足りるのではないかと思います。

7　おわりに

以上、思いつくままに述べさせていただきました。私の基本的な考え方は、現在までの統計数値から将来を予測するというものです。女性の平均賃金が上昇し、男性に近づいていることから、年少女子につき男性の平均賃金を使ったほうがよいのではないか、努力義務とはいえ七〇歳定年へ向けて施策が講じられているのだから、七〇歳まで勤務するという前提で考えたほうがよいのではないか、障害者の雇用が進み、障害者の賃金が上昇するのはほぼ確実でありますから、年少障害者も健常者と同じに考えたほうがよいのではないか、などというものです。

現在にこだわりすぎますと、冒頭で述べた裁判例（東京高判昭四四・三・二八）のように、年少女子の被害者は二五歳に達すると同時に婚姻して離職するとしてその後の逸失利益を認めないというような判断をしてしまうことにつながると思います。逸失利益は将来を見据えた判断が求められていると思います。

以上です。ありがとうございました。

司会・奥田　大島先生、貴重なお話、大変ありがとうございました。

図４　内閣府男女共同参画局

共働き世帯数と専業主婦世帯数の推移（妻が64歳以下の世帯）

本編 ＞ 1 ＞ 特集 ＞ 共働き世帯数と専業主婦世帯数の推移（妻が64歳以下の世帯）

共働き世帯数と専業主婦世帯数の推移（妻が64歳以下の世帯）

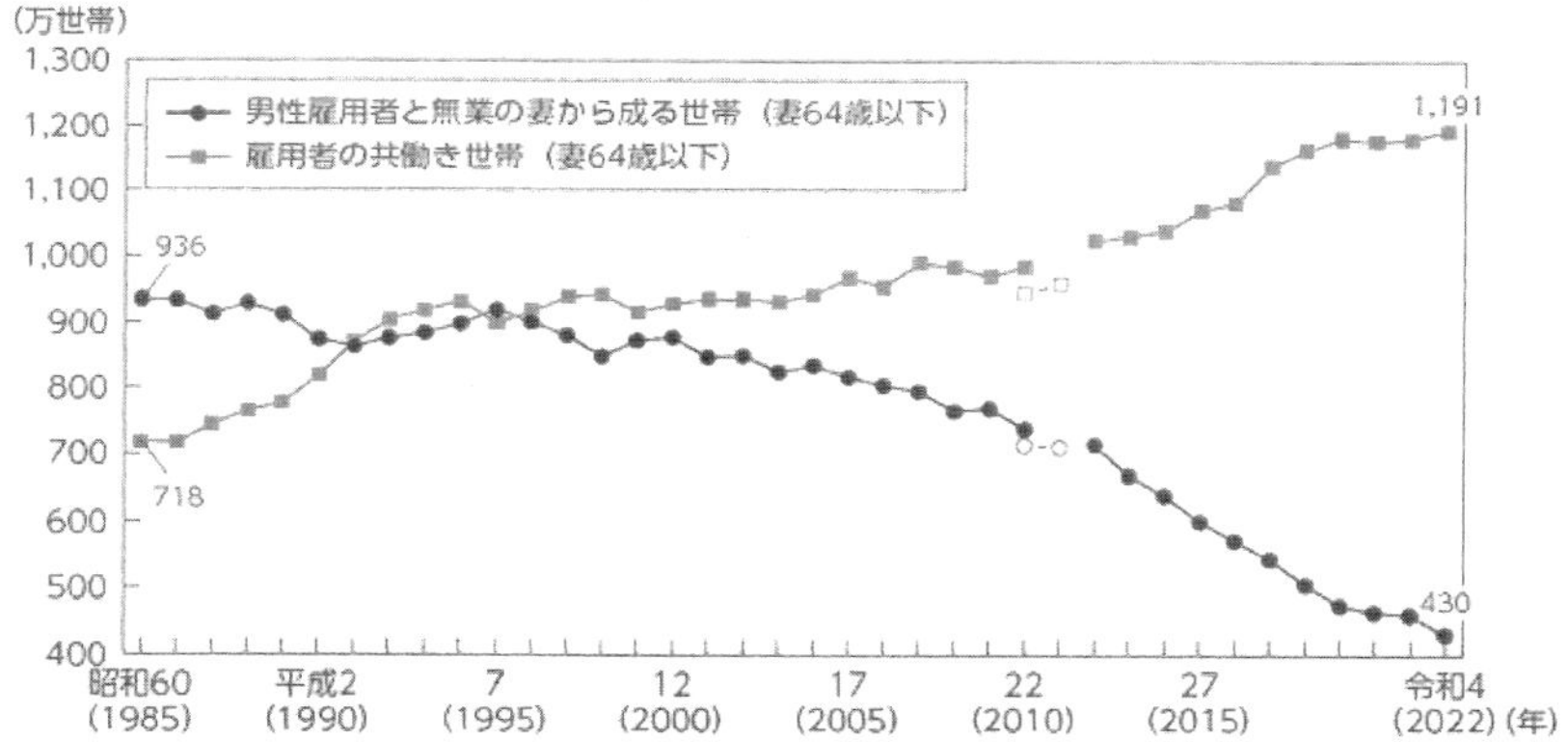

（備考）1．昭和60（1985）年から平成13（2001）年までは総務庁「労働力調査特別調査」（各年２月）、平成14（2002）年以降は総務省「労働力調査（詳細集計）」より作成。「労働力調査特別調査」と「労働力調査（詳細集計）」とでは、調査方法、調査月等が相違することから、時系列比較には注意を要する。

2．「男性雇用者と無業の妻から成る世帯」とは、平成29（2017）年までは、夫が非農林業雇用者で、妻が非就業者（非労働力人口及び完全失業者）かつ妻が64歳以下世帯。平成30（2018）年以降は、就業状態の分類区分の変更に伴い、夫が非農林業雇用者で、妻が非就業者（非労働力人口及び失業者）かつ妻が64歳以下の世帯。

3．「雇用者の共働き世帯」とは、夫婦ともに非農林業雇用者（非正規の職員・従業員を含む）かつ妻が64歳以下の世帯。

4．平成22（2010）年及び23（2011）年の値（白抜き表示）は、岩手県、宮城県及び福島県を除く全国の結果。

5．労働力調査では令和４（2022）年１月分結果から算出の基礎となるベンチマーク人口を令和２（2020）年国勢調査結果を基準とする推計人口に切り替えた。当グラフでは、過去数値について新基準切り替え以前の既公表値を使用している。

https://www.gender.go.jp/about_danjo/whitepaper/r05/zentai/html/zuhyo/zuhyo00-op02.html

図３　平均寿命（厚生労働省・完全生命表）

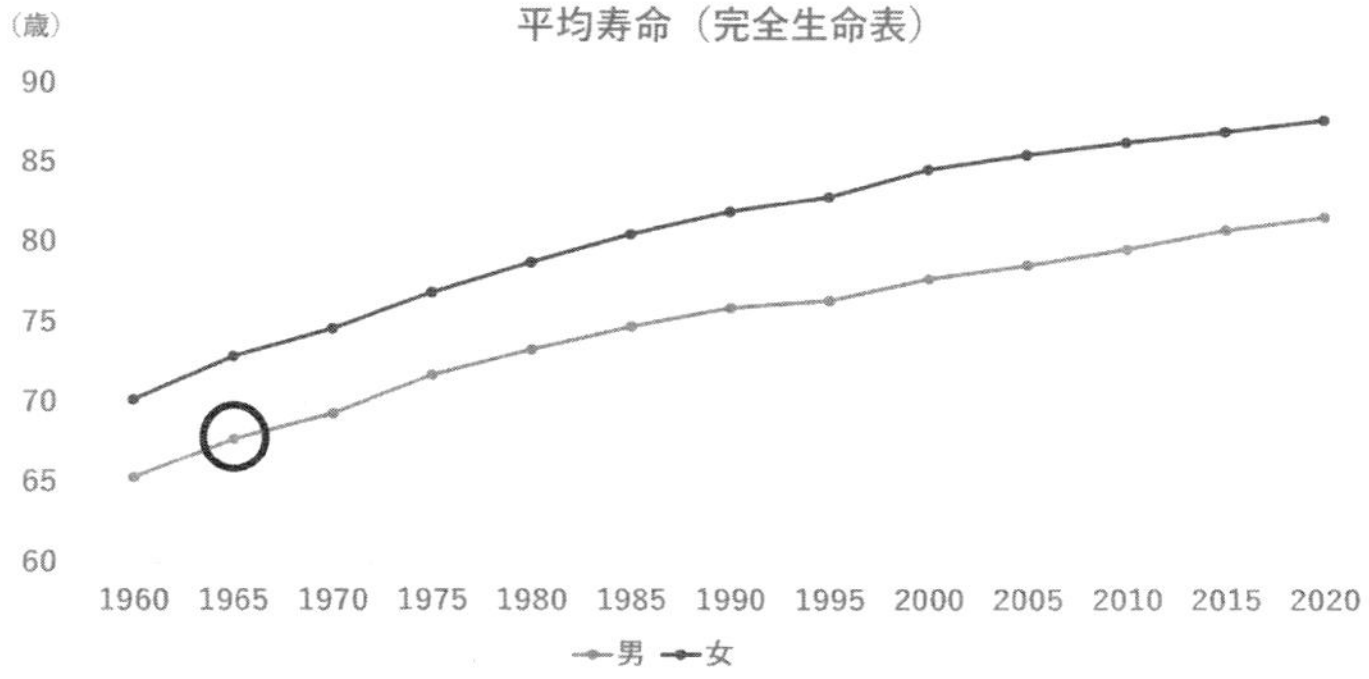

	1960	1965	1970	1975	1980	1985	1990	1995	2000	2005	2010	2015	2020
男	65.32	67.74	69.31	71.73	73.35	74.78	75.92	76.38	77.72	78.56	79.55	80.75	81.56
女	70.19	72.92	74.66	76.89	78.76	80.48	81.9	82.85	84.6	85.52	86.3	86.99	87.71

図5　男女の就業率（総務省統計局令和４年労働力調査年報）

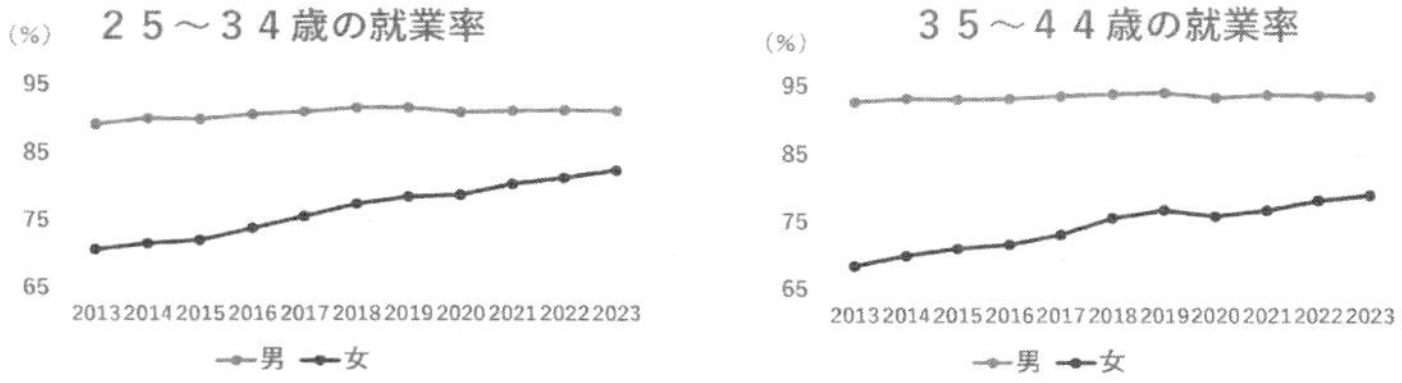

２５～３４歳	2013	2014	2015	2016	2017	2018	2019	2020	2021	2022	2023
男	89.3	90.1	90	90.7	91.1	91.7	91.7	91	91.2	91.3	91.2
女	70.7	71.6	72.1	73.9	75.7	77.6	78.6	78.9	80.5	81.4	82.5

３５～４４歳	2013	2014	2015	2016	2017	2018	2019	2020	2021	2022	2023
男	92.8	93.3	93.2	93.3	93.7	94	94.2	93.5	93.9	93.8	93.7
女	68.6	70.1	71.2	71.8	73.3	75.8	77	76.1	77	78.4	79.2

図１　賃金の推移（年収，万円）

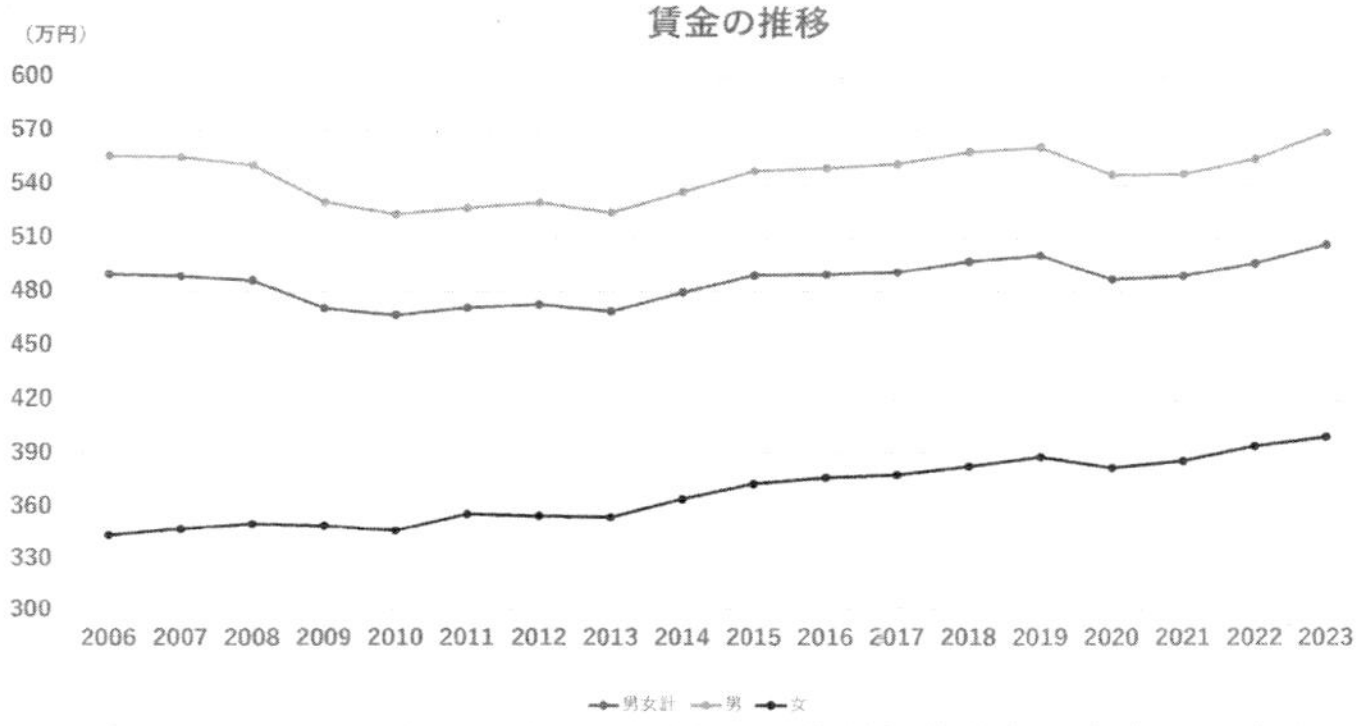

	2006	2007	2008	2009	2010	2011	2012	2013	2014	2015	2016	2017	2018	2019	2020	2021	2022	2023
男女計	489.32	488.26	486.06	470.57	466.72	470.93	472.65	468.93	479.68	489.23	489.86	491.15	497.2	500.69	487.29	489.31	496.57	506.94
男	555.46	554.72	550.39	529.82	523.02	526.76	529.68	524.1	536.04	547.7	549.43	551.74	558.45	560.97	545.95	546.42	554.91	569.82
女	343.25	346.88	349.99	348.9	345.94	355.9	354.72	353.93	364.12	372.71	376.23	377.82	382.63	388.01	381.92	385.94	394.35	399.65

図２　男女間賃金格差

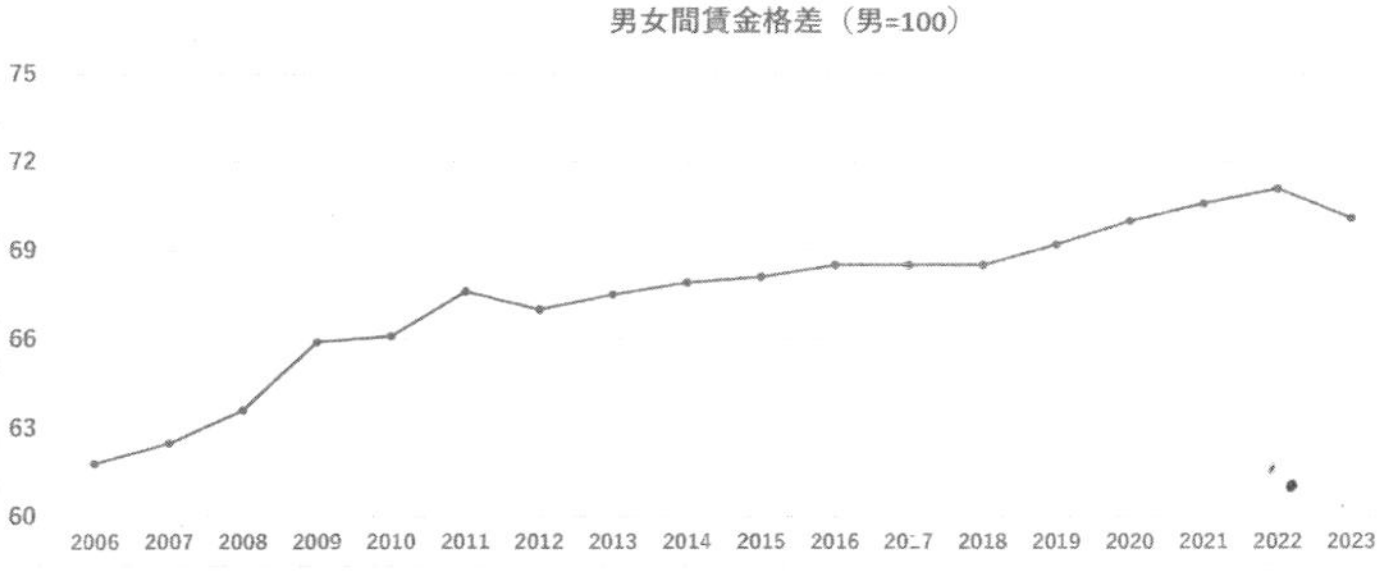

	2006	2007	2008	2009	2010	2011	2012	2013	2014	2015	2016	2017	2018	2019	2020	2021	2022	2023
男女間賃金格差（男=100）	61.8	62.5	63.6	65.9	66.1	67.6	67	67.5	67.9	68.1	68.5	68.5	68.5	69.2	70	70.6	71.1	70.1

別では、25～34 歳は 82.5%、35～44 歳は 79.2%と 10 年前より 10 ポイント以上高い。

共働き世帯の場合、配偶者の一方の収入が他方を相当程度上回っている場合と両者の収入が拮抗している場合、それぞれ子がいる場合に分けて、骨格を示す必要があると思う。さらにいえば、現在夫婦の３組に１組は離婚しており、再婚する人も相当数いるが、シングルマザー・ファーザーが未成年の子を養育している場合も多い。その場合の骨格を示す必要があるのではなかろうか。

この点について、中辻雄一朗裁判官や垣内弁護士、松居英二弁護士が、共働きか否か、離婚後の子や親に対する扶養的要素や収入の多寡等によって生活費控除率を論じており、参考になる[*9]。

ようするに、算定基準を現実に合ったものにする必要があり、共働き夫婦を基本にすべきだと思う。

7　おわりに

私の基本的な考え方は、現在までの統計数値から将来を予測する、というものである。女性の平均賃金が上昇し、男性に近づいていることから、年少女子につき男性の平均賃金を使ったほうがよいのではないか、努力義務とはいえ７０歳定年へ向けて施策が講じられているのだから、７０歳まで勤務するという前提で考えたほうがよいのではないか、障害者の雇用が進み、障害者の賃金が上昇するのはほぼ確実であるから、年少障害者も健常者と同じに考えたほうがよいのではないか、などというものである。

現在にこだわりすぎると、冒頭で述べた裁判例（東京高判昭 44・3・28）のように、年少女子の被害者は 25 歳に達すると同時に婚姻して離職するとしてその後の逸失利益を認めないというような判断をしてしまうことにつながる。逸失利益は将来を見据えた判断が求められている、と思う。

---

*9　赤い本 2009 年下巻 44 頁、高野真人編『新版注解交通損害賠償算定基準』（2022、ぎょうせい）296 頁［垣内弁護士執筆］、328 頁［松居弁護士執筆］。

体を当部の基準として採用しているものではない。」と述べている[*7]。

現在、訴訟実務においては、後遺障害等級を確定させ、それをそのまま後遺障害等級表に当てはめて労働能力喪失率を得るという手順が圧倒的多数を占めており、外貌醜状など類型的に労働能力に影響を与えにくいと評価される一部の後遺障害を除けば、後遺障害等級表と異なる労働能力喪失率を認定する事案は少数にとどまるといわれている[*8]。

私は、後遺障害等級認定について、もっと弾力的な適用を考えるべきではないかと思う。赤い本（2024年版・107頁）は、労働省労働基準局長通牒別表の労働能力喪失率表を「参考」とし、被害者の職業、年齢、性別、後遺症の部位、程度、事故前後の稼働状況等を総合的に判断するとし、青本（29訂版・84頁）は、「参考」ではなく、「基準」という用語を使っているのはやや気になるが、同じ趣旨のことを述べている。

このように、後遺障害等級表はかなり昔に作られたものであり、その信用性には疑問がある。聴覚障害者について、後遺障害等級表で両耳の聴力を失った者は４級（労働能力喪失率９２％）と定められていることは、具体的な当該障害者の逸失利益の算定に影響を与えるものではないと考える。

6　死亡慰謝料・生活費控除率の基準

近年は、共働き夫婦が増えている（図４［10頁］参照）。1990年頃までは、専業主婦が多かったが、1990年代はほぼ拮抗し、2000年以降は、共働き世帯が増えて専業主婦が減り、現在は３倍近い差を付けて、共働き世帯が多い。算定基準も、そのことを意識したものにする必要があるのではないかと思う。

赤い本や青本は、「一家の支柱」という用語を使っているが、もともと昭和40年代に算定基準が策定された当時、夫が働き、妻に家事をするというが一般的で、経済的な支えという意味で「一家の支柱」という用語が使われたと考えられる。ところが、図５（９頁。総務省統計局令和5年労働力調査年報）のとおり、今や女性の生産年齢人口（15〜64歳）の就業率は73.3%（10年前は62.4%）であり、年代

*7　「東京地裁における各種損害賠償算定基準」判タ268号213頁（1971）。

*8　伊藤隆裕「労働能力喪失率」藤村和夫ほか編『実務交通事故訴訟大系　第３巻』329、346頁（2017、ぎょうせい）は、このような「規範」化を批判し、具体的事実を踏まえた柔軟な認定が求められていることを指摘する。

4　年少障害者の逸失利益

年少障害者の逸失利益については、 吉村良一先生が詳しく述べられるので、簡単に触れさせていただく。

大阪地判令和５年２月２７日（判タ 1516 号 198 頁）は、逸失利益が将来の予測の問題であることを示し、現代のテクノロジーの発達と合理的配慮により障害による影響が小さくなるとみているが、どの程度の変化があるかを認定することは困難であることから８５％が相当である、としている。

今後半世紀の賃金の動きを予測することは正直無理であるが、年少障害者について、テクノロジーの発達や合理的配慮等により、健常者との就労可能性や労働能力の差が徐々にではあるがなくなっていくのは確かであり、職種によっては健常者と同額の給与を取得することも十分にあり得ることであろう。そうだとすると、年少障害者について全労働者の平均賃金を認めてもおかしくないと思う。

これに対しては、障害者については後遺障害等級表で、労働能力喪失率が定められている（例えば、両耳の聴覚を全く失った者は後遺障害等級４級で労働能力喪失率は９２％と定められている）という反論が考えられるので、以下、後遺障害等級表について触れる。

5　後遺障害等級表

後遺障害等級表は、基本的に、今から 100 年近く前の 1931 年（昭和 6 年）にできた労働者災害扶助法施行令別表に基づいており、工場労働者の災害補償を目的としたものであった（このあたりの経緯は羽成守先生の論文 *6 参照）。

昭和２２年に、自賠法の後遺障害等級表の基礎となった労働基準法７７条別表第１（現在の別表２）ができたが、労働能力喪失率は、補償日数を１０で割ったものであり、科学的調査結果から割り出したものではない。

昭和４０年頃に算定基準を策定してまもなくの時期の東京地裁の原島克己裁判官も、「労基法 77 条に基づく障害補償日数をそのまま％におきかえた程度の大ざっぱなもので、職種の差異等は考慮されていないのであるから，その使用にあたっては具体的な事情をも参酌したかなりの修正が必要となることは当然であって、これ自

*6　羽成守「後遺障害の等級表をめぐる諸問題」不法行為法研究会編『交通事故民事裁判例集創刊２５周年記念論文集・交通事故賠償の新たな動向』332 頁（1996、ぎょうせい）等参照。

１２回生命表の男性の平均寿命（67.74 歳）を基に決められたものである。このあたりの経緯は、垣内惠子先生の最近の論文[*4]が詳しい。東京地裁において最後に算定基準を表した沖野威部総括は、「寿命延長傾向にかんがみ、就労可能年数も早晩改訂を免れまい」と述べている[*5]が、それから一度も改訂されることなく、現在に至っている。

図３（９頁）を見ていただきたいが、平均寿命は増加の一途をたどっている。

2021 年（令３）４月１日に施行された改正高年齢者等の雇用の安定等に関する法律では、⑴７０歳までの定年の引上げ、⑵７０歳までの継続雇用制度の導入、⑶定年制の廃止のいずれかの措置を講じるよう努めるとされ（同法 10 条の２）、７０歳までの就業機会の確保に向けて踏み出している。

たとえば、現在０歳の幼児が交通事故で死亡した場合を考えると、今から約７０年先（2100 年近く）にいつまで勤務するかという問題であり、７０歳は当然のことであり、７５歳位までは勤務しているのではないかと思える。

これに対し、垣内先生の前掲論文は、「現時点においては、現行の６７歳という年齢が、現在の高齢者の就労状況や企業の高齢者雇用のための措置の達成状況に照らして、まったく適合していないとまでは言い難いと思われる。……今後、高齢者が 70 歳まで就労することが通常となり、企業が 70 歳までの就労を受け入れる措置を取ることが一般的になったことが、統計資料から明らかになった場合（たとえば 70〜74 歳の就業率が 50%を超え、70 歳までの高年齢者就業確保措置を実施済みの企業が 50%を超えた場合等が考えられようか）には、現行の 67 歳基準を見直すことを検討してよいのではないかと考える」とされる。

しかし、この問題は、被害者が 67 歳になった時点での就労可能性を見ているのであって（例えば、被害者が若年者でいまだ就労を開始していない場合とすると、半世紀先まで見越した予測の問題である）、現在の状況をそのまま採用すべきではないと思う。先ほど述べたように、現在の状況から一定の方向性を読み取って判断すべきだと考える。

結論として、就労可能年数は早急に７０歳に引き上げるべきだと考える。

---

*4　垣内惠子「死亡逸失利益における就労可能年数」（福田弥夫ほか編『伊藤文夫先生・溝辺克己先生追悼論文集・交通事故賠償における補償・救済システムの現状と課題』189 頁（2023、保険毎日新聞社）

*5　「東京地方裁判所民事交通部の損害賠償算定基準と実務傾向」判タ 310 号 59 頁（1974）。

るのか（現在、男女間で約30ポイントの差があり、それがそのまま続くと考えるのか）、あるいは、統計は時代の推移に伴う変遷を示すものととらえて、一定の方向性を読み取り、統計データを将来の予測のための道具とするか（つまり、女性賃金の上昇により、男女間の差が更に縮まると考えるか）という事実認定の手法の違いがある。後者のほうが、より正確な事実認定となるものと考える[*2]。そして、女性の平均賃金が男性の平均賃金にどれだけ接近するかは、将来のことであり、誰も分からないのであるから、男女平等の理念からして、男性の平均賃金と同額とするのがよいのではないかと思う。

民訴法２４８条は、「損害の性質上その額を立証することが極めて困難であるときは、……相当な損害額を認定することができる」と定めており、立法担当者により、例示として事故により死亡した幼児の逸失利益が挙げられている[*3]。逸失利益は、将来の損害であり、損害の性質上その額を立証することが極めて困難な場合であるから、民訴法２４８条により、「相当な損害額」として女性も男性と同額とするのがよいのではないかと思う。

冒頭で述べた、東京高判昭44・3・28の、女子は25歳で結婚し以後は無職であるという事実認定は、その当時の状況に基づいたものであり、将来の予測の問題であることを忘れているように思う。

なお、女子に男性賃金を使うことに違和感を持つ人がいるかもしれないが、現在、主婦（主夫）業をしている男性について女性労働者の平均賃金を使っており、要はいかなる統計を使うかの問題である。

以上のとおり、年少女子の賃金として「男性労働者」の平均賃金を使うのが相当であり、そうすることによって、「男女を併せた賃金・生活費控除率45％」が「女性賃金・生活費控除率30％」を下回る事態を避けることができ、真に男女平等が実現できると考える。

3　就労可能年齢

就労可能年齢の６７歳というのは、１９６５年（昭40）、今から約６０年前の第

---

*2　神川朋子「年少者の逸失利益」公益財団法人交通事故紛争処理センター編『交通事故紛争解決法理の到達点　公益財団法人交通事故紛争処理センター創立50周年記念論文集』585頁（2024、第一法規）参照。

*3　法務省民事局参事官室編『一問一答新民事訴訟法』288頁（1996、商事法務研究会）

ところで、最近注目すべき統計がある。令和３年の賃金センサス以降、男女を併せた全労働者の平均賃金（生活費控除率 45%）の額が女性労働者の平均賃金（生活費控除率 30%）の額を下回ることになったことである。原因は、いうまでもなく、女性の賃金が上昇しているためである。令和５年の賃金センサスを用いて数値を示すと――。

［１０歳の男子が死亡した場合（男性労働者の賃金センサス）］
569 万 8200 円×（1－0.5）×（27.1509－7.0197）＝5735 万 5801 円
［１０歳の女子が死亡した場合（女性労働者の賃金センサス。生活費控除率３０％）］
399 万 6500 円×（1－0.3）×（27.1509－7.0197）＝5631 万 8038 円
［１０歳の女子が死亡した場合（全労働者の賃金センサス。生活費控除率４５％）］
506 万 9400 円×（1－0.45）×（27.1509－7.0197）＝5612 万 9207 円

このように、死亡事案につき、年少女子につき全労働者の賃金センサスを用いて賃金を上げた意味がなくなっている。

解決策としては、年少女子についても、男性の賃金センサスを使うのが相当ではないかと思う。

男性労働者と女性労働者の各賃金を比較すると、図１、２（８頁）のとおりであり、2023 年（令５）は少し開いたが、概ね両者の差が縮まる傾向にある。そして、2022 年（令４）には女性活躍推進法による法改正が全面施行されるなど、男女の賃金の格差解消に向けた取組みもされているという昨今の情勢からすると、今後も更に縮まるものと考えることができる。年少女子、例えば、０歳の女子とすると、将来的に 18 年後から 67 年後のことであり、その時には、男性と同程度の賃金を取得すると考えることが不当とはいえないと思う。つまり、女性活躍のための諸政策が採られ、女性賃金が男性賃金に近づいていっているのであるから、年少女子の賃金を男性の平均賃金と同額とするのがよいのではないかと思う。

これに対しては、将来女性賃金が男性賃金と同じになるとは考えられないという反論が考えられる。この点については、例えば０歳の女子だと、18 年後から 67 年後までの賃金を予測するものである。現在の統計数値の平均値がその間続くと考え

として－」判タ 653 号 67 頁（1988）、大嶋芳樹「女児の逸失利益を考える」高野真人ほか編『交通事故賠償の再構築－新たな実務的課題の登場と賠償論の視点』（2009、ぎょうせい）72 頁等。

シンポジウム第１報告

２０２４年度日本交通法学会シンポジウム

「逸失利益算定の現在と課題－実務からの問題提起」

関西学院大学教授・弁護士（元大阪高裁部総括判事）

大　島　眞　一

1　はじめに

今、交通事故訴訟は大きな転換期を迎えているのではないかと思う。年少女性の逸失利益をいかに考えるか、半世紀以上前に作られた６７歳という就労期間の終期はこれでいいか、年少障害者の逸失利益についてどう考えるかなど、逸失利益が抱えている課題と解決すべき方向性について、考えてみたい。

2　年少女子の逸失利益

年少女子の逸失利益について、最判昭49・7・19（民集28・5・872）の原審である東京高判昭44・3・28（民集28・5・889）は、7歳の女子が昭和40年に交通事故で死亡した事案につき、次のとおり述べ、25歳以降の逸失利益を認めなかった。

「事故当時の統計によれば、女子の平均初婚年齢は25歳、全企業の女子労働者の平均年齢は28.1歳、平均勤続年数は3.9年であるから、被害者は25歳に達すると同時に結婚し離職する。」

最判昭49・7・19は、妻は家事労働に従事するとして、女性労働者の平均賃金に基づく逸失利益を認め、その後、年少女子について、女性労働者の平均賃金とすることで固まっていたが、平成１５年頃からの下級審裁判例の積み重ねにより、現在、男女を併せた全年齢平均賃金（生活費控除率45%）とすることになっている。

今後の課題は、女子について男女を併せた平均賃金を使っても、男子は男性の平均賃金を使っているので依然として差がある、という点である。

解決策の一つとして、男女とも男女を併せた全労働者の賃金センサスを使うという方法があるが、男子の逸失利益が減るのをどう考えるか、それもやむを得ないと考えるか、という問題がある。

そこで、かなり以前から、女子についても男性の平均賃金を使うべきであるという見解*1が主張されている。

---

*1　鍛冶千鶴子「男女間格差の問題」交通10・11号117頁（1982）、吉村良一「判批」判例評論342号39頁（1987）、羽成守「女子の逸失利益について－昭和61年11月4日の最高裁判例を中心

報告２

年少者・若年者の逸失利益算定
――平均賃金額を用いること（抽象的損害計算）の意義――

若林三奈
（龍谷大学法学部教授）

司会・大塚　では次に、若林三奈先生にご登壇いただきます。若林三奈先生は、龍谷大学の法学部教授でいらっしゃいまして、立命館大学法学部をご卒業後、同大学法学研究科を修了し、旧京都学園大学法学部を経て、二〇〇三年に龍谷大学法学部助教授、二〇一二年より同大学法学部教授になられまして、現在に至っておられます。

不法行為を中心に、数多くの論文を執筆されていますが、交通法学会の関係では、損害賠償給付と併行給付（とくに社会保険給付）との調整、損益相殺については、藤村和夫・伊藤文夫・高野真人・森冨義明編『実務交通事故訴訟大系第３巻』（ぎょうせい・二〇一七年）所収の論文などがあります。

ご紹介いただきました龍谷大学の若林です。本日は、報告の機会を与えていただきありがとうございます。それでは、「年少者・若年者の逸失利益算定――平均賃金額を用いること（抽象的損害計算）の意義――」というテーマで、本日は報告させていただきます。多くの先生方から厳しいご意見をいただく覚悟でまいりましたが、どうぞお手柔らかにお願いいたします。

年少者の逸失利益の算定については、半世紀以上にわたって賃金センサスに基づく統計を使った抽象的な損害計算が定着しています。また、学説では抽象的損害計算による権利保障という観点が有力に示されています。本報告は、これらの実務や学説の動向を踏まえて、今日の交通事故賠償を典型とする年少者、若年者の逸失利益算定の課題をとらえ直し、今後を展望するものです。それではレジュメに沿って報告を始めさせていただきます。

1．現在の人身損害の算定実務では、損害とは財産状態の差であって、金額の差として表されるという意味でのいわゆる金額差額説を出発点に物損法理に準じた構成により逸失利益を中心とした算定枠組みを採用しています。

また、死亡時には、一般的に相続説をとることも定着しています。これにより日本法では、被害者本人の生命法益の価値を算定評価の対象とせざるを得ないという困難を抱え込んでいます。本報告では、これらのことを前提に従来の判例や学説の展開から論理整合的に導かれうると考える帰結を抽象的損害計算の意義から検討し、結論的には今日の年少者、さらには若年者における逸失利益算定における男女間格差、あるいは障害の有無による格差を設けることの不合理を説くものです。

まず、この間の判例の展開について確認しておきます。詳細はレジュメをご覧ください。伝統的な判例通説は、人身損害についても金額差額説を出発点としていますが、この間の判例の展開を見るならば、伝統的な金額差額説の枠組は、少なくとも人身損害の場面では修正されていること、むしろ、損害事実説に親和性があることが指摘されています。すなわち、金額差額説は、一般的には損害とは具体的な金額の差であることから、因果関係の終点、あるいは起点は、具体的な金額であって、被害者にはその具体的な金額、すなわち差額の証明まで求められるというものです。それゆえ、損害額の算定作業は、裁判官の事実認定であって、裁判官の裁量的、創造的、規範的作用は排除されるという枠組のもとで語られます。

しかし、一連の判例等に照らしてみれば、具体的な損害額の立証は必ずしも必要ではなく、具体的な金額の差が確認できない、あるいは平成八年のいわゆる貝採り事件判決においては、喪失が現実化しない、ということが確定している場合においても損害を肯定しています。また、逸失利益の蓋然性判断にあたっては、規範的要素が含まれることを正面から認めた判決もあります。

このような判例の展開から、学説、あるいは実務家においても、逸失利益の内実は、現実の収入の喪失というものよりは、むしろ労働能力の喪失、あるいは収益可能性の喪失へと展開していること、裁判所は、これを評価対象として裁量評価的に算定することがあるということは認識されているように思います。次、レジュメの2をご覧ください。

2.　もっとも蓋然性判断が事実認定であるということを前提に、近時、障害を持つ年少者・若年者の逸失利益を減額する判決が相次いでいるわけですが、このような理解には、次のような判例があると思われます。

周知のとおり、年少者・若年者に関する逸失利益算定については、一九九九年の三庁共同宣言があります。この宣言は、一九七〇年代以降、損害の定額化、定型化が提唱され、推進、定着する中で生じた基礎収入の認定等に関わる当時の地域間格差を解消し、被害者相互間の公平を考慮し、行われました。ここに至り、幼児、生徒、学生、専業主婦の他、比較的若年の被害者については、統計による抽象的損害計算を類型的に認めることが原則となりました。

ただし、これは、例えば、幼児についても、生涯を通じて全年齢平均賃金程度の収入を得られる蓋然性が認められない特段の事情が存在する場合には、異なる取り扱いをすることも同時に認めるものでした。このことは、蓋然性判断にかかる特段の事情の証明責任を被告に転換するものであったとしても、なおこの宣言は、男児の逸失利益を認めた昭和三九年の最高裁判決と同様、裁判所は証拠資料に基づき、経験則とその良識を活用し、できる限り蓋然性のある金額を算出するよう努めることを前提とするものであったと理解できると言えます。併せて、男女間格差の解消が先送りされたのも、蓋然性の理解の結果であったと言えるかと思います。このような共同宣言の背景には、これに先立って一九九六年に、平成八年改正で導入された民事訴訟法二四八条における議論も関連してくることから、本報告では、この点についても簡単に触れておきたいと思います。レジュメは三頁目となります。

3. 立法者によれば、民訴法二四八条は証明度を軽減するものであって、幼児の逸失利益は本条適用の典型例とされています。実際、先ほどの大島報告においても、年少者の逸失利益は、二四八条の相当額の問題であって、現在までの統計数値から将来を予測するという事実認定の作業を前提とする、とのことでした。しかし、そこに規範的な要素も加えるということから、男女を同額にするという帰結が得られるということでした。

二四八条の理解については、これを事実認定における証明度の軽減と見る立場と、これを裁判官の裁量評価を認めるものとする立場、さらにはその折衷説も含めて対立があるところです。

仮に、二四八条の理解について、裁量評価説に立つ場合には、損害の金銭評価は裁判官の裁量に委ねられるため、年少者の逸失利益の算定を判例法理により創造された実体法規範の適用場面であると考えることと矛盾しません。他方で、仮に本条を証明度の軽減と理解する場合であっても、そもそも年少者の逸失利益は判例が実体法上のルールを創造したものであって、本条の適用対象とならないと考えるのであれば、実際、このように述べる学説もあるわけですが、ここでの課題はやはり実体規範をいかに確保するかということに尽きることになります。実際、実務においても、本条を適用する判決は、ほとんど見当たりません。

そこで問題となるのは、レジュメ三頁目一五行目に記した❶の①のように、本条を証明度の軽減ととらえた上で、かつ年少者の逸失利益の算定にも本条が及ぶと理解する場合です。ただし、先ほどの大島先生の報告を前提とするならば、この場合にあっても、結論的には統計数値の読み方次第ということになるのかもしれません。いずれにせよ、この学説によれば、幼児の場合、統計学的な推認によるしかなく、しかもその推認に基づく蓋然性も高度のものとは言えないことから、幼児の逸失利益算定は、証明度の軽減を認める民訴法二四八条の適用対象となると説明されます。

しかし、ここで注意しなければいけないのは、統計的な推認によっているのは、平均的な基礎収入額にすぎない、ということです。これまでの裁判実務における人身損害算定の展開を見るならば、逸失利益の外で賠償総額において慰謝料の補完機能を用いた調整を行うといったことにとどまらず、むしろ逸失利益そのものの算出過程において、統計の裏付けのない生活費控除率について、これを五〇％、三〇％、あるいは四五％などと統計から離れて意図的に操作することによって、男女間の逸失利益額の格差が是正されてきました。

このような作業は、証明度の軽減を超えて、男女平等等の理念に基づく調整、すなわち規範的な裁量評価が行われてきた結果であると理解するほうが素直であるように思われますし、ここでの評価対象の内実が労働能力それ自体の喪失にあって、その男女間の本質的平等をとらえているのであれば、なおさら、ここでの作業は単なる証明度の軽減を超えていると言わざるを得ないと言えます。

実際、学説では、人身損害の算定をめぐって、このような実体的な金銭評価規範の探究及び獲得の必要性が度々有力に主張されてきました。このことは一九六〇年代の半ばに登場し、人間の本質的価値の平等を説いた西原説に遡ると言えますし、その後も、例えば淡路剛久先生による評価段階説をはじめ、吉村良一先生の包括的損害論等の規範的な損害論において展開されてきたものです。

以上の議論を背景に、年少者の逸失利益算定における抽象的損害計算の役割は、当初の金額差額説を前提とした数額に関する単なる証明度の軽減から、権利法益侵害によって発生した不利益な事実、それが収益可能性にあるにせよ、労働能力の喪失にあるにせよ、その事実をいかに金銭評価するのか、という形での視点の転換を促し、実態規範に即した金銭評価を支えるものへと展開してきたことを正面から受け止める必要があるのではないでしょうか。男女格差の是正は、その典型であったと言えるのではないでしょうか。

以上のように議論を整理するにあたって、もう一点、ここでは物損に類比した算定と抽象的損害計算による権利・法益の価値保障という点についても、若干補足しておきたいと思います。レジュメは四頁目になります。

4．このことは、人身損害の逸失利益は、得べかりし「利益」の賠償であって、「価値」の賠償とは異なるのではないか、といった問いに答えることを試みるものです。ここでまず確認しておきたいのは、歴史的に見れば差額説そのものは、具体的な被害者を基準に加害前後の利益状態の差を算定すること、いわゆる具体的損害計算による逸失利益の賠償を積極的損害に加えて認めることに意義を持ちました。しかし、これは抽象的損害計算による客観的な価値、いわゆる物の価値の賠償を排除するものではありません。このこと自体、特に目新しいことではなく、レジュメに示したように四宮先生の体系書にもあります。すなわち、抽象的損害計算とは、これまでも、「そのまま一般価値、価格に従って評価すること」、また、「抽象的損害が将来展開するであろう事態の平均的蓋然性に訴えることによってなされる、類型化による損害算定を指すもの」とされ、これが人身損害の逸失利益に用いられる場合には、「社会生活上、被害者が属する集団の平均人」を基準とした損害計算として理解されてきました。

物損の場合、被害者は毀損されたものについて、逸失利益の取得蓋然性が証明できないときであっても、いわゆる市場価値、交換価値の賠償は否定されません。その意味で市場価値はいわば最小限の損害として機能しています。

この「市場性のある物が棄損された場合」の「最小限の損害」である、「物の通常の交換価格」とは、通常物が持つ「客観的な使用価値」によって決まり、それは市場における共通価値となります。しかし、物の所有権が侵害された際、権利者はその物の「権利者にとっての使用価値」、すなわち客観的な使用価値を超えて被害者である権利主体に関連する「主体関連的な使用価値」であるところの利用利益の賠償についても、その利益取得の蓋然性を権利者が証明できる限り、すなわち具体的損害計算によって、これを逸失利益として賠償請求することが差額説の下で認められています。

他方で、このような主体関連的な使用価値、逸失利益の証明ができない場合であっても、物の所有権侵害の場合、通常の交換価値、市場価値が、その共通価値として、最小限の損害として認められるのであって、これを支えるのが抽象的損害計算となります。

逸失利益と権利法益の共通価値としての物の価値とは切り離されたものではなく、両者は差額説で言うところの利益状態の評価において、その意味で連続性があるものです。逸失利益はその意味で、物の価値を超えるものとして認識されます。

したがって、抽象的損害計算が対象とする共通価値とは、本来差額説の言う利益状態に内包されるものであって、差額説と矛盾する関係にあるものではないということを確認しておきたいと思います。

もちろん生命身体の場合、この権利に市場性はなく、価値を市場で測ることはできません。しかし、それは価値がないからではなく、むしろ価値が無限大であるがゆえに測ることができないにすぎないものです。それゆえ、人身損害について、物損算定に類して主体関連的な使用価値であるところの逸失利益の賠償を行うのであるならば、そのような主体関連的な使用価値の証明ができない場合には、これに内包される客観的な使用価値であるところの共通価値の賠償を最小損害として認めることになるのではないでしょうか。

人の生命や身体に市場はありませんが、人身損害の算定を行っている以上、市場がないことをもって財産的損害に仮託しうる最小損害としての共通価値が否定されるものではないと考えるからです。

また、実際、労働能力、あるいは収益可能性を逸失利益の算定対象ととらえている判例の展開に鑑みたとき、とりわけ人格の発展可能性、さらにはより人権や人格の価値を重視する方向での社会の発展や歴史的展開を見たときに、なかでも年少者・若年者という類型にあっては、抽象的損害の計算の名の下に、平均賃金による逸失利益をもって共通価値に当たるものと見ることは十分に考えられてよいのではないでしょうか。このことは、市場を持たない人身損害における賠償額を適正化するために、慰謝料ではなく、逸失利益の枠組みでこれを認めてきた日本の判例法の展開にも沿うものではないでしょうか。

実際、判例は具体的損害計算の場面にあっても、いわゆる貝採り事件判決に見られるように、収入の喪失、差額が死亡により現実化しないということが確定しているにもかかわらず、権利法益侵害による労働能力の一部喪失による損害は交通事故の時点で発生しているとみて、また、ここで加害者を免責することは、公平の理念に反するなどとして、逸失利益を認めています。ここでは、公平の理念に照らし、権利、法益の形で有していた利益、価値の喪失をもって抽象的に損害の発生を認め、それをいわば現実の損害に取り込み、その回復を保障しているように見えます。そうでなければ、ここでは被害者遺族は不当な利得を得ていると言わざるを得なくなるからです。その意味で、現実の損害というのも非常に多義的に理解しうると考えます。併せて、このような判例法の展開から人身損害における逸失利益を価値保障規範として説明する学説も有力に展開されています。

以上のことから、不法行為によって権利法益が侵害された場合に一定の類型において、抽象的損害計算を用いるのは、法秩序が個人に保障した当該権利法益の客観的なその意味で最小共通の価値を損害として把握することにあり、このことは本来差額説と矛盾するものではなく、そしてこのことは、実際、物損や積極損害では一定の類型において、実務でも認められているところです。

人身損害算定実務においても、年少者の逸失利益算定に際して証明度を緩和するために統計値を使い始めたものの、実務を積み重ねるなかで、共同宣言を経て、一定の類型について抽象的損害計算を採用し、そのなかで損害事実、収益可能性と実体規範に即して評価する形で視点が転換してきたということが言えます。

このような人格的な権利、法益にかかる共通価値をはかるにあたって、性別による格差や障害による減額等、格差、類型化をこの中に持ち込む場合には、実体規範としてその規範的妥当性を直接に問う必要があるのであって、このような規範的判断を蓋然性にかかる事実認定の問題であるということをいわば隠れ蓑に司法が避けるということは、許されないように思われます。

5. 以上のように、抽象的損害計算は、本来の差額説と矛盾するものではなく、その性質上権利、法益侵害の結果の最小損害をとらえるものです。そのことから、レジュメの5にお示ししたように、とりわけ不法行為制度を「権利・法益侵害から被害者の権利・法益の価値を金銭で回復ないし実現するための制度」として見る立場からは、この共通価値としての客観的価値は、「国家が国民（市民）に対して権利・法益として一定の地位を保障したゆえに、少なくとも同種の権利・法益について国家が国民（市民）に対して保障している価値」であって、またそれゆえ、この共通価値を侵害された権利・法益のいわば最小限の損害として金銭で保障すること、それを国家機関の一つである司法機関、裁判所が承認することがここで要請されるということが指摘されています。つまり、抽象的損害計算は、権利保障の観点から正当性があるということが説かれています。

以上のことを踏まえた上で、とりわけ近時の、特に年少者の逸失利益額算定における障害の評価をめぐる学説の動きについて、詳細は次の吉村報告に譲りますが、本報告と関係する部分について簡単に触れておきたいと思います。

6. 本報告の視点からは、これまでの学説は大きく二つの立場に分けられると考えます。一つは、金額差額説、いわゆる収入喪失説の枠組を前提としつつ、近時の障害の社会モデルに照らして、平均収入を得る蓋然性を判断するにあたって、個人に割り当てられない社会的障壁、これを障害ととらえ、それによる減額を否定する立場です。社会的障壁としての障害を除く固有の損害、障害については、減額を認める立場であることから、あくまで年少者等の逸失利益算定は証明度の軽減にすぎないという伝統的な実務の立場に親和的な立場であるかと思います。

もう一つは、すでに申し上げてきたとおり、年少者等の逸失利益の算定については、これを実体規範の問題と捉える立場であって、法秩序が個人に保障した権利・法益の価値を損害額に反映させて、法益の実態価値に照らして、平等原理から性別や障害の有無による類型化を否定する立場です。

もっとも、これらの学説も一様ではなく、その際、平等原理から慰謝料の補完機能を活用する立場、それをさらに発展させ、生命・身体侵害、それ自体を逸失利益と慰謝料を合わせた損害総額（総体）レベルで包括的に考慮する見解が見られる一方、他方で、現行の賠償構造を前提に逸失利益という損害項目レベルでの抽象的損害計算を通してこれを考慮する見解もあります。たとえば、生活保障の観点から平均賃金を最小損害として認めつつ、被害者に具体的損害計算による平均賃金を超える損害額の立証を認める、いわゆる評価段階説が一九八四年前後から展開されてきました。

この評価段階説は、その後の抽象的損害計算による最小限の賠償、これによる権利保障へとつながるものであって、本報告は、これらの学説の展開に依拠するものです。したがって、本報告の内容は、特に報告者のオリジナルというものではなく、むしろ、与えられたテーマについて、これまでの学説、あるいは判例の展開を整理するならば、こうなるのではないかという視点から語るものです。

レジュメにありますように、ここでは伝統的な原状回復、法益侵害による主観的利益を含めた回復、個人の尊重という観点から、被害者から抽象的損害計算を超える主張、立証があった場合には、具体的損害計算への道を開くという点で、⑴に記した学説とは異なるということです。

7. 次に、抽象的損害計算による最小限の損害といった場合に、しばしば利得禁止原則との抵触が問題とされることがあります。しかし、ここでの損害は、権利、法益の共通価値を実体規範から構成するものであることから、損害のない賠償、利得があるとは言えません。物損や積極的損害においても、定額化等の抽象的損害計算が類型的に実施されますが、その場合に利得があると言わないのと同様です。

また、このような被害者に生じた損害を縮減する、価値を切り下げるということをもって損害の公平な分担の名の下に正当化することは困難であり、かえって加害者の利得となり、公正性を欠いた結論になるのではないかと考えています。

8. レジュメは、最後の頁となります。以上のことを前提に、年少者・若年者の逸失利益について、平等原則との関係を最後に整理し、本報告のまとめとしたいと思います。

従来の議論に照らせば、人身損害の抽象的損害計算に当たって、実務上は、年少者という類型の作出については特に異論はないように思われます。問題は、その上で、この類型において性別や障害の有無によるさらなる類型化が規範的に許されるのかという点にあろうと思います。この点について、憲法やそれに基づく法整備等、これには条約も含めますが、現在の法秩序に照らしてみるならば、そのような類型の作出は許されず、むしろ年少者においてはそのような類型化、差別化は放棄することが正当であると考えます。このことは加害者を不当に免責しないという意味での公平の理念にもかなうのではないでしょうか。もっとも、いわゆる年少者という類型作出にあたっても、実務上は、何歳までをもって年少者というのか、という議論もあるわけですが、たとえば子どもの権利条約に照らすならば、年少者・若年者の逸失利益の算定に当たって、いわゆる一八歳未満の子どもの中で線引きすることを正当化することは難しいように思われます。かといって、日本における学校制度や進学状況に鑑みたとき、一八歳の境目となる高校三年生について、一八歳かどうかで区別することにも社会通念上、合理性があるようには思えません。

以上が本報告の結論と言えますが、さらに言うならば、レジュメでは発展課題とし示しているところですが、逸失利益算定が将来の約五〇年にわたる収益可能性を評価対象とすることを考えたとき、いわゆる若年の労働者にあっても、その人格発展可能性や社会構造の変革可能性に照らせば、事故時の学歴や現実の収入、非正規かそうではないか、職業等にかかわらず、抽象的損害計算による共通損害を認めることは、今後十分に検討されてよいと考えています。このことは、主婦の逸失利益を女性の平均賃金で認めているという問題が一方にあるにもかかわらず、現実に働いている若年者が、たとえば非正規であるといったことから、事故時の就業状況や学歴等から将来を固定的に見るということに対する疑問があるからです。

以上、最後にレジュメのまとめで示しました点につきましては、時間との関係もあり、特に読み上げることはいたしません。レジュメの訂正等もあり、大変拙い報告となり申し訳ございませんが、時間も参りましたので、これで終わらせていただきます。ご清聴いただきありがとうございました。

司会・大塚　若林先生ありがとうございました。

８．平等原則（憲法14条）との関係

（1）性別や障害の有無による差別化・類型化（別異処遇）は、相対的平等（個人の尊重）の範囲か。

●将来の不確実な事実に関する判断について、科学技術の進展や社会の収益構造の変化等も含め、人格の発展可能性、人間の本質的価値の平等に鑑みたときに、年少者・若年者の逸失利益算定にあたり、性別や障害の有無による類型的取扱いを放棄することは、現在の法秩序に照らせば、社会通念上の合理性を欠くものではない（また、それが加害者を不当に免責しないという衡平の理念にも適う。

※女子差別撤廃条約の批准（1985 年批准）、男女雇用機会均等法の制定（差別禁止規定）や労働基準法の改正等の労働法制、あるいは障害者権利条約（2014 年批准）以後の障害者法制の整備等

（2）抽象的損害計算の適用対象としての「年少者」とは？

●「子どもの権利条約」（生命・生存および発達に対する権利、差別の禁止等。1994 年批准）に照らせば、年少者・若年者の逸失利益の算定にあたって、子ども（18 歳未満）の中で線引きすることに社会通念上、合理性があるのかは疑問がある。

→加えて、日本における学校年度との関係では、18 歳の境目となる高校 3 年生について、18 歳かどうかで、逸失利益算定上は、これを区別する合理性もないように思われる。

[参考]１０歳・男子（大島論文・判タ 1483 号 14 頁より）
男性・学歴計（１８歳から）5,609,700 ×（1-0.5）×（27.1509-7.0197）=56,464,996
男性・大学卒（２２歳から）6,714,600 ×（1-0.5）×（27.1509-9.9540）=57,735,152
「年少者について大卒の賃金センサスを使い２２歳からとするのが相当」（大島）

【発展課題】「子ども」とのバランス、若年者の有する人格の発展可能性に鑑みて、抽象的算定計算が妥当する範囲がさらに拡大する可能性はある。

・若年労働者について中高卒、非正規雇用であるとの事実をもって「（生涯を通じて平均賃金程度得る）蓋然性を否定する」という議論には慎重であるべき。無償労働であっても（家事従事者）、女子平均賃金を認めてきたこととの均衡にも留意すべきである。

９．まとめ

・人身損害の逸失利益算定は、将来の不確実な事実の予測にかかる、本来的に裁判官の裁量評価は不可避である（単純な事実認定の問題ではない）。将来予測の議論に拘泥すべきではない。

・年少者の逸失利益算定では、（当初は証明度の軽減から出発したとはいえ）抽象的損害計算が採用され、判例・実務が積み重なるなかで、実体規範が形成されており、ここでは、その評価が直接に問題となっている（金額差額説内部における損害論の転換－－損害＝金額から「収益可能性」という不利益事実の評価へ）。

・人損賠償の逸失利益は、物損類比の算定方法であり価値賠償の側面をもつ上、死亡時に相続説を肯定することから生命の価値を問わざるを得なくなっている。

・人損の価値賠償の側面をもつ逸失利益（収益可能性）の算定にあたっても、それが抽象的損害計算が行われる（最小限の損害としての共通価値を評価する）場面では、人間の発展可能性を基礎におく人間の本質的平等が出発点となる。

・抽象的損害計算では、「性別」による類型化や「障害」による減額（差別化）が平等原則（憲法 14 条や国際条約）に照らして許容できるか（実体規範の評価）が問題となり、裁判官はこれに拘束される。「性別」や「障害」による類型化や差別化は現行法秩序に照らせば許容されない。

・人格の発展可能性を幼児・年少者かそれ以上の子どもかで区別することは適切とはいえない。

・抽象的損害計算による価値補償を超える具体的な利益取得の蓋然性が具体的損害計算を通して原告から主張・立証される場合には、個人の尊重原理からこれを否定するものではない。

５．人身損害における抽象的損害計算の意義－権利保障としての最小損害の承認

●差額説は、法益侵害がなければあったであろう状態への回復を図るため、法益侵害によって被害者自身に生じた具体的な損失（主体関連的な損失）を損害と把握するものであるところ、他方で、これが証明できない場合に、その法益の客観的な価値・共通価値（物損の場合であれば市場価値）を法益侵害によって生じた最小限の損害として抽象的に損害計算することは、権利保護という観点から、差額説(補償原則）のもとにおいても否定されるものではない。被害者が、「最小損害」を超える個別具体的な主体関連的な価値を主張・立証する場合には、具体的損害計算のもとで損害を認めれば足りる。

●不法行為制度を「権利・法益侵害から被害者の権利・法益の価値を金銭で回復ないし実現するための制度」として見る立場からは、この共通価値としての客観的価値は、「国家が国民（市民）に対して権利・法益として一定の地位を保障したゆえに、少なくとも同種の権利・法益について国家が国民（市民）に対して保障している価値」と理解される。それゆえ、この共通価値は侵害された権利・法益のいわば最小限の損害として金銭で保障すること、それを――国家機関の一つである司法機関――が承認することが要請される（潮見佳男・法曹時報63巻1号22頁以下等を参照)。

６．近時の年少者の人身損害算定をめぐる学説との関係－「障害」の評価

１．金額差額説（収入喪失説）の枠組みを前提に、障害の社会モデルに照らし、個人に割り当てられない社会的障壁（＝障害）による減額を否定するとともに、社会的障壁によっても取り除けない固有の障害による減額は認める立場（城内）

２．法秩序が個人に保障した権利・法益の価値を損害額に反映させる結果、平等原理から性別や障害の有無による類型化を否定する立場

（１）生命・身体侵害それ自体を(逸失利益と慰謝料を合わせた）損害総額（総体）レベルで包括的に考慮する見解（吉村）←平等原理から慰謝料の補完機能を活用する立場（四宮）からの発展

（２）現行の賠償構造を前提に、逸失利益という損害項目レベルでの抽象的損害計算を通して考慮する見解（生活保障の観点から、平均賃金を最小損害として認めつつ、被害者に具体的損害計算による平均賃金を超える損害額の立証を認める評価段階説［淡路]、抽象的損害計算による最小損害の賠償を通した権利保障［潮見]

●本報告は、上記の２（２）の立場に依拠する。伝統的な原状回復（法益侵害による主観的利益の回復)、個人の尊厳の尊重という観点から、抽象的損害計算を超える主張・立証があった場合には具体的損害計算への道を開く点で２（1）と異なるが、ここでの算定結果を遺族の固有損害損害として請求することは妨げない。

７．権利保障・共通価値による最小限の損害としての抽象的損害計算

(1) 利得禁止原則との関係

・人身侵害の逸失利益算定における抽象的損害計算が、法秩序のもとで当該主体に割り当てられた法益の客観的価値（共通価値）を表すものと捉えうるならば、この点に権利保障の観点から最小限の損害（の発生）を認めうるのであるから、この価値賠償を得ることに「利得」があるとは言えない。しかも、ここでの価値補償を否定することは、加害者を利するだけでかえって衡平と言えない。

(2)「損害の公平な分担」による減額？

・損害そのものの評価を切り下げるために、「損害の公平な分担」を持ち出して「最小限の損害（共通価値)」を否定し、賠償額を減額することが公平とは言えない。

4. 背景④－人身損害の逸失利益賠償における価値賠償性

(1) 物損に類比した算定の意味【補論】

・人身損害（生命・身体法益の侵害）の場合、「権利」侵害と表裏一体にある不利益な変化や価値減少をそのまま評価することは不可能である。実務では、財産的損害と非財産的損害に分けた上で、財産的損害につき物損に類比して算定している。その際、「実体法的観点からは『権利』が侵害された場合、利益状況がそれを要求し、評価基準の存在がそれを許容するなら、裁判所は抽象的損害算定によることができる」

→「抽象的損害算定」とは「抽象的損害をそのまま一般価格に従って評価すること、および、抽象的損害が将来展開するであろう事態の平均的蓋然性に訴えることによってなされる、類型化による損害算定を指すものとする。」（以上、四宮和夫『不法行為』）

→たとえば、「市場性のある物が毀損された場合に、最小限度の損害として、通常の交換価格（消費者の場合なら調達価格）」等がある。これは当該法益が有する最小限度の共通価値である。交換価値は、（市場における）物の客観的な使用価値でもある。物の所有権侵害では、権利者が、その物の権利者にとっての使用価値（主体関連的な利用利益）について、その利益取得の蓋然性を証明することにより、その損害（逸失利益）の賠償が認められる（差額説・具体的損害計算）。

→ここでは、主体関連的な使用価値（逸失利益）の証明ができない場合であっても、通常の交換価値（市場価値・交換価値）が最小限度の損害として認められる。

→人身損害の場合、当該法益に市場性はなく、価値を市場で測ることはできない（無限大）。

⇒主観的利用利益である逸失利益の賠償相当性（収益可能性）は、共通価値（客観的利用価値）を基礎におき、これを内包する。人身の共通価値に市場性はないが、これをもって法的価値が否定されるものではない。人格の発展可能性をみたとき、とりわけ若年者については、平均賃金をもって共通価値にあたるものとみることが、十分に考えられてよい。このことは、賠償額を適正化するために慰謝料に依存することなく、これを逸失利益の枠組みで認めてきた日本の判例法の展開に沿う。

(2) 判例上の人身損害における逸失利益賠償(後遺障害)の価値補償的な取扱い

→たとえば、上記の最判平成8・4・25やそれを前提とした最判令和2・7・9。

＊後遺障害逸失利益について、衡平の理念に照らし、権利・法益の形で有していた利益・価値の喪失をもって抽象的損害の発生を認め、それをいわば「現実の損害」と理解し、その回復を保障しているようにも見える（現実の損害の多義性）。

(3) 小括

●不法行為によって、（少なくとも人格的な）権利・法益が侵害された場合、具体的な被害者が誰であるかにかかわらず、同じ権利・法益が侵害されたという点に鑑みて、その損害算定にあたって、抽象的損害計算を用いる場合には、これは法秩序が個人に保障した当該権利・法益の客観的な（最小・共通の）価値として、損害を把握している。

●このような人格的な権利・法益にかかる価値補償に性別による格差や障害による減額等の格差を持ち込む場合には、その規範的妥当性を直接に問うべきである（蓋然性・事実認定の問題ではない）。

→生命・身体について言えば、平等原則を基礎に置く権利主体の基盤的権利・法益の侵害が問題となることから、類型の作出を含め、人間の尊厳・個人の尊厳の尊重、人間(人格）の価値の本質的平等が要請される。

→平均人モデルによる抽象的損害計算は、人間の尊厳の尊重、人格価値の本質的平等に基づく最小損害として位置づける一方、これを超える個別具体的損害計算による損害は、個人の尊厳の尊重という観点から規範的に正当化する。

３．背景③　民訴法２４８条の制定と（年少者の）逸失利益算定との関係

●民訴 248 条：損害の発生は認められるが、損害の性質上その額を立証することが極めて困難である場合に、裁判所が口頭弁論の全趣旨および証拠調べの結果に基づいて相当な損害額を認定しうる（損害の発生と算定の分離）。

●「（年少者の）逸失利益」は、民訴 248 条の適用対象か？

□裁判実務：民訴 248 条を適用することなく損害額を算定する裁判例が大半

□立法者の考え方（「一問一答」）：昭和 39 年判決（幼児の逸失利益）は典型例⇒❶証明度軽減説

□学説の理解：

・民訴 248 条の理解：❶証明度軽減説、❷裁量評価説、❸折衷説の対立⇒実質的な結論に相違なし？

・本条の適用対象に、逸失利益の損害算定は含まれるのか？

❷裁量評価説⇒逸失利益の算定も当然に適用対象となる。

❶証明度軽減説⇒その理解は、一様ではない。例、下記の①と②

①説：将来にわたってその者がどれだけの所得を得ることが期待できるかは、将来予測という不確定な要素に基づくものでしかない。ことに幼児の場合は統計学的な推認によるしかなく、しかもその推認に基づく蓋然性も高度のものとはいえない。⇒証明度軽減を認める 248 条の適用対象となる。

＜疑問＞もっとも、「統計的な推認」ができるのは、平均的な基礎収入額だけである。逸失利益の算定にあたっては、生活費控除率等、その他の要素による「調整」がある。証明度軽減の問題を超えて、人間の本質的な平等に鑑みた実体的価値評価が含まれていると言わざるを得ないのではないか。

②説：逸失利益算定は、判例が実体法上のルールを創造したもの（本条の適用対象外）

□民法学説との対話

●損害の金銭評価を全面的に裁判官の裁量に委ねる立場（上記❷説）：248 条は損害＝事実説に立脚した実体法規定と理解＝年少者の逸失利益の算定は、判例法理により創造された実体法規範の適用場面（平井宜雄）。

●他方で、民訴 248 条は、「抽象的損害計算に裏付けられた実体的金銭評価規範に基づく評価が問題となる局面で作用するものではない」との立場もある。ここでの作業は「実体規範の確保」（潮見佳男）。

⇒いずれの立場にあっても、ここでの算定（金銭評価）は実体規範の問題であることを前提とする。

⇒このような実体的な金銭評価規範の探求および獲得の必要性は、人間の本質的価値の平等を金銭評価の場面で説いた西原説に遡る。また、同様の実体的価値論は、評価段階説（淡路説）や規範的損害論（澤井説、吉村説）等でも展開されてきた。

⇒年少者の逸失利益算定における「抽象的損害計算」を通して、ここでの作業は、単なる証明度の軽減から、「実体規範に則した評価」へと展開している（男女格差の是正はその典型）

■【補論】慰謝料の補完機能との関係

したがって、民訴法 248 条の制定により慰謝料は補完機能としての役割を終えたと言う場合に、これに年少者等の逸失利益の算定も対象とするのであれば、実体規範から要請される財産的損害額の補正・補完といった（従来の慰謝料が果たしてきた）機能もが、「財産的損害算定のプロセス」において取り込まれることが前提となろう。逆に言うと、ここで 248 条のもと（事実認定による）証明軽減にとどまる算定が展開される場合には、なお慰謝料の補完的機能はその役割を失わないのではないか。

２．背景②　年少者・若年者に関する逸失利益算定にかかる判例実務の到達点としての共同提言

（１）1999（平成11）年の共同提言の趣旨

・基礎収入の認定及び中間利息の控除方法にかかる地域間格差の解消

・この共同提言は「大量の交通事故による損害賠償請求事件の適正かつ迅速な解決の要請など」から「損害の定額化及び定型化」の提唱、推進、定着によって得られた成果から生じた「地域間格差」を解消するため、これに「被害者相互間の公平及び損害額の予測可能性による紛争の予防などの観点」を加味したもの。

・「男女間格差の問題など」は、「是正の必要性及びその可否について多くの検討すべき要素があり、直ちに解決することは困難であり、現時点において早急に結論を出すことは必ずしも相当ではない」として今後の検討の対象とされた。

→現在は、女子は全労働者平均賃金、男子は男子平均賃金を前提に生活費控除率で調整

（２）基礎収入の認定にかかる提言内容

・その骨子および補足説明の「1 基礎収入の認定の運用指針（一）」において（1）原則として、（ア）幼児、生徒、学生の場合、（イ）専業主婦の場合、及び、（ウ）比較的若年者の被害者で生涯を通じて全年齢平均賃金又は学歴別平均賃金程度の収入を得られる蓋然性が認められる場合」には、「基礎収入を全年齢平均賃金又は学歴別平均賃金によること」とし、(2)「それ以外の者については、事故前の実収入額による」とした（判タ 1014 号 61 頁）。（ウ）は、「おおむね 30 歳未満」とされた。

・もっとも、提言では、具体的な「採用すべき基礎収入」として、ア・イのいずれの場合にも、「ただし」書きが付されている。（ア）の場合は、「生涯を通じて全年齢平均賃金程度の収入を得られる蓋然性が認められない特段の事情が存在する場合には、年齢別平均賃金又は学歴別平均賃金の採用等を考慮する」等とされ、（イ）の場合も「年齢、家族構成、身体状況及び家事労働の内容などに照らし、生涯を通じて全年齢平均賃金に相当する労働を行い得る蓋然性が認められない特段の事情が存在する場合には、年齢別平均賃金を参照し適宜減額する」とされた。

（３）「蓋然性」＝事実認定という出発点

【前掲・最判昭和39年判決】生命侵害の場合、相続説をとることを前提に、「損失の公平な分担を窮極の目的とする損害賠償制度の理念に副う」ために、「年少者死亡の場合における右消極的損害の賠償については、一般の場合に比し不正確さが伴うにしても、裁判所は、被害者側が提出するあらゆる証拠資料に基づき、経験則とその良識を十分に活用して、できうるかぎり蓋然性のある額を算出するよう務め」るべきであり、「ことに右蓋然性に疑がもたれるときは、被害者側にとって控え目な算定方法（たとえば、収入額につき疑があるときはその額を少な目に、支出額につき疑があるときはその額を多めに計算し、また遠い将来の収支の額に懸念があるときは算出の基礎たる期間を短縮する等の方法）を採用することにすれば、慰謝料制度に依存するに比較してより客観性のある額を算出することができ、被害者の救済に資する反面、不法行為者に過当な責任を負わせる」結果にはならないのであって、「要するに、問題は、事案毎に、その具体的な事情に即応して解決されるべきであり、算定不可能として一概にその請求を排斥し去るべきではない」

●昭和39年判決・判例解説（栗山忍）より

・将来に具体化する損害としての逸失利益額は、過去において発生した損害額の確定と異なり、その数額を適確に立証することは、事柄の性質上、不可能である。

・「損失の公平な分担」に照らせば、「成人して労働に従事し収益を取得することを予測しうる」にもかかわらず、「算定不可能として逸失利益の賠償請求を全面的に排斥すべきであるとするのは本末転倒」。適確な算定は事柄の性質上不可能であるから「能うかぎり蓋然性に近いところで満足すべき」

シンポジウム第２報告

2024 年度　日本交通法学会シンポジウム　第 2 報告

2024 年 5 月 18 日（土）専修大学

年少者・若年者の逸失利益算定－抽象的損害計算の意義

若林三奈（龍谷大学）

Ｉ．問題の所在－背景①人身損害算定の出発点と判例の展開

（１）出発点

人身損害の算定実務では、金額差額説を出発点に、物損法理に準じた構成（損害項目）により、逸失利益を中心とする枠組みと死亡時の相続説が定着している(ただし、固有損害説も排除されない)。しかし、金額差額説は、適宜、規範的な修正を加えることも受け入れられている。

（２）判例の展開－人身損害算定における金額差額説の規範的修正

●出発点：「損害賠償制度は、被害者に生じた現実の損害を填補することを目的」＝収入の減少がない以上、損害はない（最判昭和 42・11・10)」

●年少者・若年者の逸失利益算定、家事従事者の休業損害算定における展開

最判昭和 39・6・24（年少男子の逸失利益)：算定不能による賠償否定の克服

⇒具体的な損害額の立証の緩和

最判昭和 49・7・19（年少女子の逸失利益)：「家事労働に属する多くの労働は、労働社会において金銭的に評価されうる」→女子労働者の平均賃金に相当する財産上の収益を挙げるものと推定

⇒損害は「現実の金銭収入」に限定されなくなった。

最判昭和 50・7・8：家事従事者に、受傷のため家事に従事することができなかった期間につき休業損害を認めた。

●減収等を伴わない後遺障害

最判昭和 56・12・22：特段の事情（「本人の格別の努力」あるいは「後遺症が被害者にもたらす経済的不利益を肯認するに足りる特段事情」）を前提に後遺障害逸失利益を認める可能性の承認

⇒下級審では、特段の事情を緩やかに理解

●後遺障害逸失利益の算定において、事故後、別原因によって死亡した場合にも、「衡平の理念に反する」などとして死亡の事実は考慮しない判例の登場（最判平成 8・4・25、令和 2・7・9)

＊判例上、逸失利益の内実は、［現実の］収入の喪失から、労働能力の喪失あるいは収益可能性の喪失へと展開している（得べかりし収入に関する「証明度の緩和」という問題を超えて、被害者の「被害者の収益可能性」**を損害評価の対象として規範的に把握し、裁量評価的に算定している。**

●算定に規範的要素が含まれることの承認

最判平成 9・1・28：不法残留外国人の逸失利益の算定にあたり、逸失利益は「その性質上、種々の証拠資料に基づき相当程度の蓋然性をもって推定される当該被害者の将来の収入等の状況を基礎として算定せざるを得ない」こと、また「損害の填補、すなわち、あるべき状態への回復という損害賠償の目的からして、右算定は、被害者個々人の具体的事情を考慮して行うのが相当である」ことを前提に、被害者の日本での就労可能期間について「規範的な諸要素」を考慮し、通常の蓋然性判断とは異なる期間を認定している。

●以上の判例の動向から、伝統的な金額差額説の枠組み【損害とは「具体的な金額の差」であり、その損害額の証明（算定）まで必要であり、算定は事実認定（＝裁量的・創造的・規範的作用の排除）の問題である等】は、少なくとも人身損害の場面では、修正され、損害事実説に親和性があることが指摘されている（窪田充見編『新注釈民法（15)』（有斐閣、2017 年）399 頁以下、404－405 頁［前田陽一］)。

報告3

各論① 障害を持つ年少者の逸失利益

吉村良一
（立命館大学名誉教授）

司会・大塚　続いて各論のほうに入りまして、各論①として、吉村良一先生から、「障害を持つ年少者の逸失利益」について報告いただきます。

吉村先生は、立命館大学名誉教授でいらっしゃいます。昭和四九年三月に京都大学法学部を卒業になり、昭和五四年三月に京都大学大学院法学研究科博士課程単位取得退学され、昭和五四年四月から立命館大学法学部に赴任されています。以後令和三年三月まで、同法学部及び法科大学院において、助教授、教授、特任教授として勤務されていました。民法、環境法を担当されています。平成二八年四月から立命館大学名誉教授でいらっしゃいます。

活動実績ですが、従前から人身損害における賠償額の算定問題を研究しておられ、平成七年の交通法学会において、このテーマで報告をされています。その一環として障害児の逸失利益問題にもご関心を持ってこられました。近年、それが問われる訴訟が増えてきていて、東京のK君死亡事件、それから大阪のAさん死亡事件では意見書も作成されています。

今回のご報告との関係があるものとして著書として『人身損害賠償の研究』（日本評論社・一九九〇年）、ご論文として、立命館法学三八七・三八八号の「障害児死亡における損害賠償額の算定について」、立命館法学四〇八号の「障害児・年少者死亡における損害賠償（逸失利益）額の算定・再論」があります。

吉村先生、どうぞよろしくお願いいたします。

立命館大学の吉村です。かなり詳細にご紹介いただいたので、報告にすぐ入ったらいいのですけれども、その前に、幾つかのことを申し上げたいと思います。私は、一九九五年の北海道で開かれた第二六回の大会で、自賠法の四〇年のテーマで報告させていただいて、そのときはまだ会員ではなくて、それを機に入会いたしました。その後、ずっと会員だったのですが、ほとんど寄与らしい寄与をせずにきて、二〇一六年の三月に定年退職になったのを機に、この学会を退会いたしまして、現在非会員、元会員であります。

その人間が何で報告するんだということになるのですけれども、今ご紹介があったように、私自身は三〇代（一九八〇年代）の頃から、西原道雄先生の考え方（いわゆる西原理論）などを中心に人身損害賠償の問題について関心を持って論文を書いたり、あるいは著書をまとめたりしていました。一九九〇年代に入って、具体的な事件として、自閉症の一六歳の子どもが学校の事故で亡くなって、その逸失利益の賠償が問題になったときに、横浜地裁で、当時の神奈川県の地域作業所での収入、これは年収七万円、月収じゃないですよ、年収七万円を基準にして、逸失利益が一二〇万という判決が出たんですね。平成四年です。それについて、新聞は、死んでもなお差別されるのかという類の記事を載せました。その新聞記事を読んで、これは西原理論を持ち出すまでもなく、やっぱりおかしいのではないかという感触を持って、当該事件の原告代理人の海野宏行弁護士と連絡を取って、いろいろ考え始めたというのが最初です。

一九九二年の一一月だったと思いますけれども、この学会の関西支部の研究会で報告の機会を与えていただいて、そのときに、障害者の逸失利益、男女格差、それから外国人労働者の逸失利益という三大話で、当時の一般的な算定方式の持っている矛盾について報告をし、それを論文にしたことがあります。

それ以来、関心をずっと持ってきているのですけれども、そういうこともあって、三〇代から四〇代にかけてやったことの流れで、こういう機会を与えていただいたことを大変ありがたく思っています。

中身に入りますけれども、その前にもう一点だけ。そういう立場でいろいろ発言してきた人間からすると、先ほど、ベテランの裁判官だった大島先生が、障害児の逸失利益についても平均賃金を貫くべきだとおっしゃったのは、非常に心強いと同時に、また時代の変遷を感じています。

まず、この問題を考える上での手がかりになる裁判例を紹介したいと思います。どういうふうに裁判例が流れてきたかというのは、私も少し検討したことがあるのですけれども、ここでは、参考文献の④に挙げた弘前大学の吉村顕真さんの論文を参考にしてまとめました。それによれば、昭和末期から平成初期については、就労可能性がない、もしくは困難ということで逸失利益そのものを否定するというのが主流でした。主流であったというよりも、そもそも、そういうことが問題になった裁判例が非常に少ない。吉村さんの論文では、恐らく当時の状況の中で、障害を持った子どもが事故に遭ってもそれが裁判になることがほとんどなかったという事情があるのではないかと推測されていますけれども、私もそうだと思います。関連する論文もその頃はあまりなくて、吉村さんは、一九九二年の私の先ほど挙げた論文を、その頃としては珍しい論文だというふうにおっしゃっていますけれども、そんな時代がありました。

その次の段階に変わった契機は、先ほど言いました横浜地裁の平成四年の判決の控訴審ですね。これは東京高裁ですけれども、平成八年に判決が出たんですね。結論的には最低賃金をベースに賠償を認めましたが、その前提として、年収が七万円で逸失利益が一二〇万だというようなことで算定していては、一人の人間の生命の価値に対する賠償としてはとても耐えられない、問題だというように述べ、いろんな試算をした上で、最低賃金をベースにして一、八〇〇万の逸失利益を認めました。この判決が一つの転機になったと吉村論文は言っていますが、私もそうだと思います。

その後、ちょっと飛びますけれども、平成二一年に、青森地裁で知的障害児死亡のケースについて、やはり最低賃金を使うという判決が出ています。その判決は、平成二一年という時代背景だと思いますが、障害者に対する社会の理解、あるいは障害者の就労状況がずいぶん変わってきている、そういうことを前提にすれば、今後も知的障害者がその能力を十分に活用することができる職場が徐々に増加するということが期待しうるということを述べた上で、最低賃金による算定をしました。

その後、最低賃金を基準とするのではなくて、平均賃金をベースにして、それを少し減額するという判断が続きます。埼玉地裁の判決、これはダウン症の三歳の女の子のケースですけれども、平均賃金をベースにした上で七〇％に減額をするという算定を行いました。判決は、障害者基本法、障害者差別解消法の成立、あるいは条約の批准等々によって合理的な配慮、障害に対する理解、支援が広がりつつあることを前提にした上で平均賃金の七〇％としました。

それから、平成三一年は、これは私が意見書を書いた事件ですが、一五歳の自閉症の男の子が施設に入っていて、その施設の出入り口に鍵がかかっていなかったので、そこから抜け出して、お金も全然持ってなかったんですけれども、なぜか遠くまで、山奥まで入っていって、そこで亡くなったという事件でした。このケースで東京地裁は、知的障害者雇用に関わる様々な状況の変化を述べた上で、一般就労を前提とする平均賃金によると言いました。ただ、この子は一五歳でしたので、一五歳の子が一八歳から一般就労を前提とする平均賃金を得るであろうというのは、ちょっとそれは認めにくいということで、一九歳までの平均賃金の年収という形で算定しました。

その後、令和に入りますけれども、令和三年の広島高裁、これは死亡事故ではなくて、もともと全盲であった視覚障害者が労働能力を完全に失ったという事件で、一審の山口地裁の下関支部は平均賃金の七〇％という判断をいたしました。これは令和二年ですね。翌年の令和三年に広島高裁は、平均賃金の八〇％に引き上げました。その引き上げた理由として、障害者をめぐる様々な法制度の整備、あるいは就労状況の変化、もう一つは、ＩＴを含めた障害者の障害をカバーするための様々な技術的な進歩をあげています。

ちなみに一審の山口地裁も、障害者をめぐる様々な変化については、同じように触れています。それではなぜ七〇％から八〇％になったかというのは、これはよくは分かりませんが、判決理由を読んだ限りで言うと、技術的な進歩についてかなり詳しく触れているのは高裁判決で、多分それが一〇％上積みした裁判官の判断につながったのかなというふうに推測していますけれども、こういう判決が出ました。

それから、最後にあげるのは、令和五年の、これは一一歳の聴覚障害のある女の子が、重機の事故に巻き込まれて亡くなったという事件です。この事件で判決は、結論的に言えば平均賃金の八五％という算定をしています。当初、被告側は平均賃金の四〇％の提示をしていたのですけれども、その後、いろんな議論があって、最終的には被告の方はその時点の障害者の平均賃金、これを基準にするとしました。判決は、事故の時点はそうだけれども、今後どういうふうになっていくかということを見通した上で、平均賃金の八五％にしました。このように、七〇％、八〇％、八五％と徐々に上がってきているわけですけれども、なおやはり平均賃金をそのまま使うという判断にはなっていません。このあたりをどう考えるかというのが、一つのポイントかと思います。

この事件は控訴されていて、大阪高裁で係属中です。大阪高裁がどういう判断をするかが注目されますが、この女の子の場合、確かに聴覚障害はそう軽微ではないのですけれども、障害児教育の学校に通っていて、少なくとも一一歳までのいわゆる学習状況とか、発達状況から見て、それが非常に劣るとか、そういう話は全然なくて、当該学校の校長先生、あるいは担任の先生も、年齢相応の学習状況の発達をしてきているということについて、意見書を書いたり、証言をされているケースです。

かつ、障害にいろいろ違いを設け出すと話がややこしくなるのですが、聴覚障害というのは、それをカバーする技術的な進歩がかなり進んでいる分野です。いわゆる音声認識アプリを使うと意思疎通はかなりできます。しかも聴覚障害の障害児教育については、かつては手話は使わないという考え方が強かったようですが、最近になって、手話も使って、手話も一つの言語だという形で使うことによって、聴覚障害を持った子どもの大学進学率なども増えてきている状況です。

私が務めていた立命館大学でも、当初は聴覚障害の学生については、ノートテイカーを付けていたのですけれど、担当者に聞くと、今は、音声認識アプリを提供して、それで十分カバーできないところを付いているノートテイカーがサポートするというふうな形でちゃんとやれていますよということでした。そういうケースですので、後で述べるような、あるいは先ほど若林先生がおっしゃったようないろんな理屈の問題はともかくとして、なぜ平均賃金の八五％なのかなということについては、実態の問題としても私は疑問を持っているケースです。

そこで、ここからは私見を述べますが、最初に、やや一般的な話をします。人身損害の場合、当然のことながら、侵害された法益というのは人の生命、身体ですね。人の生命、身体というのは、本来金銭的な価値を持たない、金銭評価が困難ないし不可能なものです。人の命は地球より重いという言い方をしますけれども、人の命はお金では買えないという意味ではただとなる。要するに、金銭価値を持たないとも言える。そういうものが侵害されたその後処理の問題だということが、やはり大事です。

加えて、人身損害の場合は、軽微な健康被害は別ですけれども、元の状態に戻すという意味での本来的な原状回復は不可能です。したがって、賠償となれば、金銭賠償に委ねざるを得ない。つまり、金銭的価値を持たないものが侵害された被害を金銭によってカバーするという、実に悩ましい問題に直面しているということになります。この点は一九九五年のこの学会の報告でも申しました。

いわゆる損害事実説は損害額算定の評価的ないし規範的な要素を強調します。ただ、損害事実説に立つかどうか、あるいは差額説を維持するかどうかという点は、どちらであったとしても、少なくとも人身損害については、その特質から見て、発生した損害を客観的に、例えば、市場的な価値などではかるということではなくて、どういう賠償をするのがこの事件の解決として適切か、つまり原状回復のためには何が必要かという、そういう評価的、規範的な判断を伴わざるを得ないのではないか。これが私の基本的な発想です。また、実際は、そういうことをやっているのではないかというのが一つの言いたいことです。

交通事故によって人身損害が発生した場合の算定論、これを交通事故方式と呼んでいますが、これは、言わずもがなことですけれども、確認的に言うと、まず死亡の場合にはいわゆる相続説に立つ。相続説がいろいろ批判されたり、あるいは比較法的に見てかなり特異な構成であるということは、皆さんご承知だと思いますが、まず相続説に立つ。その上で発生した損害を財産的損害と精神的損害に分けて、前者は積極的損害と逸失利益に分類する。そして、それぞれを算定していって積上げるという、こういうやり方をとっているわけですね。

逸失利益については、基本的には被害者の失った所得を賠償する。失った所得が損害なので、それを算定して賠償するというわけです。ただ、例外的に専業主婦とか、年少者のような場合については、これだけでは説明がつかないので、稼働能力喪失説、あるいは労働能力喪失説が補充的に引かれるということもあります。その賠償については、従前の収入、正確に言うと従前の収入から予測される将来の収入、これを算定の基礎に置く。ただ、専業主婦とか年少者の場合についてはどうなんだという話になって、先ほどのお二人が報告で取り上げられたように、昭和三九年に年少者について逸失利益を認める最高裁判決が出た。専業主婦については、昭和四九年に、逸失利益を認めるという最高裁が出た。そして、こういう実務、交通事故方式が確立してきました。

当時は交通戦争と言われた時期で、交通事故民事賠償訴訟が多発しました。恐らくこの学会が昭和四五年に作られたのもそういう背景があったと思うのですが、そういう中で迅速な救済をはかるために、ある種の客観性と定型性をもった方式が形成され定着した。そしてそれに保険実務が連動し、そういうことによって、昭和四〇年代の年間交通事故死亡者が一万五、〇〇〇、六、〇〇〇と言われた時期を乗り切ってきたということになると思います。その意味では、この方式を評価をしたいと思います。

ただ、やはりここで言う算定方式は、人身損害における賠償を算定するときの一つのルール、あるいはガイドラインであって、それは唯一のものでないということは強調しておきたいと思います。レジュメで引いたのは公害事例なのでここで出すのは見当はずれかもしれませんが、大阪の西淀川の大気汚染公害裁判の判決です。あの裁判は公害訴訟ですので、包括請求がなされました。そもそも包括請求が認められるのかどうかが争点の一つになって、その際に、大阪地裁はここにあげたように、従来の個別積算による損害額算定の方式も一つの法技術であり、唯一絶対的なものとは言えないとしました。私は、これはそのとおりだろうと思います。その意味で、どのようなルール、どのようなガイドラインでやることが適切な結論を導くことができるのかを考えていくべきだろう。これが私の基本的なスタンスです。

その上で、年少障害者の逸失利益ですけれども、これについては、やはり二〇一一年の障害者基本法改正とか、二〇一三年の差別解消法とか雇用促進法というものが制定されていったというのが非常に大きな変化だと思います。こういう法律においては、障害の概念として社会的障害モデルが採用されて、社会的障壁を除去するということは必要なことであり、そのための配慮をすべきだとされている。こういういわば障害観の転換がある。ここが一つ大きなポイントだと思います。そして、そういう法律を貫いているのは、障害者差別を克服して、障害者の基本的人権を保障すべきだという考え方です。同時に恐らくそれは、今日の社会における市民の規範意識にもなってきているのではないでしょうか。障害者が社会に出ていくときの困難を描いた山田太一さんの一九七〇年代のテレビドラマがありました（『男たちの旅路』）。そのドラマの中で、「障害者がなかなか外に出ていけない。出て行くと迷惑をかける」という発言に対して、鶴田浩二が、「いやいや、迷惑かけたっていいんだ、どんどん行くべきだ」というふうなことを言っていましたが、今日、そういう状況はずいぶん変わってきています。その意味では、先ほど述べた一連の裁判例の流れについて、私は、社会の変化を受け止めたものとして評価をしたいと思います。

ちなみに、広島高裁の判決が出たときに、新聞社からコメントを求められて、私は、従前、全然認められていなかったのが、七割、八割ときているとして、判決を肯定的に評価するコメントを出したんですね。ところが、当事者は不当判決だというふうにおっしゃっており、新聞の論調もそうでした。その気持ちはよく分かるけれども、この問題を数十年前からずっとフォローしてきた人間からすると、そうはいってもずいぶん変わったという印象を持ちました。その点では積極的な評価をしたいのですけれど、やはり若干低くなっている。これをどう見るかということなんですね。

最後に私自身の考え方を申しますけれども、障害児について平均賃金より低い賠償しか認めないという考え方の基礎には、例えば大阪地裁の令和五年の判決もそうなのですが、やはり障害者は労働能力において、何らかの意味で制限があって劣っているというある種の言ってみれば固定観念に近いような思い込みがあるのではないか。そこがまず大きな疑問です。

関わって、先ほど大島先生から、労働能力喪失率表のことがございました。したがって、ここではあまり繰り返しませんけれども、二点指摘したいと思います。一つは先ほど、大島報告にありましたけれども、あの喪失率表のベースになったのは、昭和はじめの労働災害における実態なんですよね。そこで使われたデータというのは、当時の八幡製鉄所とか、それから鉄道労働者の実態なんです。それをＩＴ化が進んだ今日の労働実態との関係で、あまり疑問なく使うということそのものが、私はちょっとおかしいのではないかと思います。細かい批判は省きますけれども、基本的にはいわゆる肉体労働というのが前提にあって、あの表が作られています。だから、親指を失ったら何％という議論をするわけですけれども、現代の労働実態には合わない。それがまず一つです。

それからもう一つは、この表は、労働災害や交通事故によって被害者の労働能力がどれだけ失われたかということに関わるものです。したがって、あれは、それまで障害を先天的にせよ後天的にせよ持っていた人が、亡くなった時点でどの程度の労働能力を持っていたかということに関しては、実は何も言っていない。これは障害児教育の専門家が異口同音に言います。例えば全盲になると、表では労働能力喪失率一〇〇％ですよね。ただ、生まれつき視力がなかった人間が事故で亡くなったとして、その時点でその人の労働能力がゼロなんていうことはあり得ないですね。やはりそれまでいろんな教育とか努力で一定の能力を養ってきているわけですね。それをあの表ではかるということは、率直に言えば間違いじゃないかと思います。もちろんその時点で事故に遭った人をどう補償するかというときに、急に目が見えなくなったので路頭に迷うかもしれない。そうすると労働能力喪失率は一〇〇％と考えるということは言えるかもしれませんが、障害者の労働能力をはかるものにはなっていない。

もう一つは、昭和三九年の最高裁判決の理解です。確かに昭和三九年の判決は控えめな算定ということを言っています。ただ、この判決は、高裁が年少者については逸失利益の算定が困難だということでその賠償を認めなかった事件が最高裁へ行って、高裁がそういうふうな認定をしたことは別に問題はないということで、事実上は逸失利益がないとした判断を是認する判断がこの判決の直前に出ていて、これを変えて年少者に逸失利益賠償を認めたものでした。そのことを前提にして考えると、昭和三九年の判決の最大のポイントは、控えめにしろ何にしろ、逸失利益がないということはないでしょう、そこはもっと慎重に考えて良識に基づく判断をしなさいという、そういうことを言っているのであって、蓋然性がない場合には認めるなとか、蓋然性が低い場合には控えめにしろというのがあの判決の意味だというのは、私は、ちょっと違うのではないかと思います。

最後に、じゃあどう考えていったらいいかということなんですが、これは実は先ほど若林さんのおっしゃったことを別の言い方をしているだけなのですが、二つ方向があると思います。一つは差額説と個別算定方式は維持した上で、逸失利益の部分については、平均賃金を使った抽象的損害算定を行う。障害のない年少者においては、その性格とか学力とか、そういうのは無視して平均賃金により算定しています。学校の成績がいい子だったらどうのこうのとか、成績が悪い子だったら何パーセントか減らすとか、そんなことはしていない。同じことやったらいいじゃないかというのがまず一つです。もちろんそれを上回る収入を得られるということの蓋然性を証明することができれば、それを上積みして認めることもあってもいいとは思います。これはかつての淡路剛久先生が評価段階説として主張されたのと結論的には同じ方向に行きます。これが一つの解決方法。

もう一つは、やっぱり西原先生の問題提起に戻って考える必要があるのではないでしょうか。西原説というのは、俗に定額化説として理解されています。もちろんそのとおりなのですが、私の理解するところ西原先生の持つ出発点は、人が死んだときに一体どんな損害が発生したかというとそれは逸失利益とか収入の喪失ということではないのではないかということだったと思います。人が死んだりけがをしたときに、死傷そのものを損害としてとらえて賠償の方法を考えるべきだという問題提起であったと思います。その問題提起を、私は受け止めたい。

であれば、例えば子どもが亡くなったときにどういう損害が発生しているかというと、やはり、これまで愛情を注いできた、あるいは今後も注ぎ続けたであろう家族の失ったもの、あるいは悲しみ。これを損害だと考えれば、それを包括的にとらえて、今の慰謝料ではなくて、現在、平均賃金を使って計算している逸失利益の部分を含めたものを、これを包括慰謝料という言い方にするかどうかは別にして損害として認めて考える。そうすれば、障害があるなしで差が出るはずがないので、当然、両者同じということになるのではないか。この第二の考え方は、実務的には受け入れられにくいとは思いますが、この二つの方向で考えるべきで、平均賃金の八〇%だとか八五%だとかいう議論を脱却をして問題に取り組んでいく必要があるのではないかと思います。

司会・奥田　吉村先生ありがとうございました。

(4)あるべき方向性

①差額説と個別算定方式を維持したうえで、逸失利益部分について、（障害のない年少者において行われている）平均賃金を使った抽象的損害算定を行う方向。障害のない年少者の場合、その属性（性格や学力等）を問題にすることなく平均賃金を使った算定が行われている以上、障害年少者についてのみ、その属性（障害の種類や程度等）にこだわる必要性はない。もちろん（障害のない年少者の場合も含めて）原告側が平均賃金を上回る収入を得る蓋然性を主張すること、そして裁判所がその主張に説得性があると認めれば、その額を認容することに何の問題もない。

②損害を死傷そのもの、あるいは、死亡事故の場合、障害児の死によって本人とそれへ愛情を注いできた（また、今後も注ぎ続けたであろう）家族の失った利益を包括的にとらえ、被害を受けた年少者や亡くなった年少者の価値に障害の有無や程度で差がない以上、現在の実務が同年代の年少者死傷の場合に（平均賃金を基準とする逸失利益と慰謝料の合計として）認めている額を障害のある年少者についても（財産的損害を含む）「包括慰謝料」として認めるという方向も考えられる。

【参考文献】

①城内明「障害児の逸失利益算定方法に係る一考察」末川民事法研究 5 号（2019 年）
②同「視覚・聴覚障害者の損害賠償額の算定」摂南法学 59 号（2021 年）
③同「若年未就労の障害者の逸失利益算定方法について」交通法研究 51 号（2024 年）
④吉村顕真「不法行為法における人権救済の法理と政策」金子匡良他編著『人権の法構造と救済システム』（2023 年）
⑤若林三奈「全盲の視覚障害をもつ未就労の交通事故被害者の後遺障害逸失利益（広島高裁令和 3 年 9 月 10 日）」私法判例リマークス 66 号（2023 年）
⑥同「若年者の逸失利益・緒論―障害による減額は公平か」龍谷法学 56 巻 4 号（2024 年）
⑦拙稿「障害児死亡における損害賠償額の算定について」立命館法学 387・388 号（2020 年）
⑧同「障害児・年少者死亡における損害賠償（逸失利益）額の算定・再論」立命館法学 408 号（2023 年）

い旨判断して被害者の本件事故により将来得べかりし利益の喪失に基づく請求を認容しなかったことには経験則違背は認められないという判断を示していた（最判昭 37・5・4 民集 16・5・1044)。

このような中で、8 歳の男児が交通事故により死亡したケースにおいて、不法行為により死亡した年少者の逸失利益を算定することは極めて困難であるが、算定困難を理由にその賠償を否定すべきではなく、「年少者死亡の場合における右消極的損害の賠償請求については、一般の場合に比し不正確さが伴うにしても、裁判所は被害者側が提出するあらゆる証拠資料に基づき、経験則とその良識を十分に活用して、できうるかぎり蓋然性のある額を算出するよう努め、ことに右蓋然性に疑がもたれるときは、被害者側にとつて控え目な算定方法……を採用することにすれば、……より客観性のある額を算出することができ」るとして、年少者の逸失利益を認める道を開いたのが、この判決であった。

年少障害者の損害（逸失利益）賠償算定の問題を通して明らかになってきていることは、交通事故を中心とした裁判実務における、逸失利益算定は事実認定の問題とした上で、そこにおける蓋然性にこだわるという姿勢の当否があらためて問われるべきということではないのか。

人身損害賠償額算定の規範的性格についてはすでに指摘したが、潮見佳男教授は、損害賠償請求権の権利追求機能という視点から、以下のような主張を行っている（「不法行為における財産的損害の『理論』」法曹時報 62 巻 1 号（2011 年）23 頁)。

「不法行為制度の目的を被害者の権利・法益の価値の国家による保障という観点から捉えるときには、被害者の権利・法益の価値の金銭的原状回復を、損害賠償法の基礎に据えるべきである。その意味で、損害を把握するにあたっては、損害賠償請求権は本来の権利・法益の価値代替物としての性質を有するという点に注目すべきである（権利追求機能)。ここにおいて、被害者の権利・法益の価値が何であるのかを確定する作業は、必然的に、法秩序が被害者の権利・法益に対していかなる価値をおいたのかという観点からの規範的評価という色彩を帯びる（規範的損害概念)。」

若林三奈教授も、「実損主義とは、被害者に賠償すべきは不法行為により現実に生じた損害のみである、との考え方であり、被害者の利得禁止という視点から語られることもある。しかし、利得の禁止もまた規範的に判断すべきであること、しかも生命・身体の価値は本質的に金銭に換算しえず‥‥現実の損害もまた規範的に確定されることに留意すべきである」とする（参考文献⑤)。先の判時解説も、障害のない年少者について「実務上は、特段の事情がない限り、その程度の収入を得られる蓋然性を肯定している」とするが、それは蓋然性の有無の問題ではなく、規範的・評価的判断から当該被害者の属性や将来に収入の蓋然性にこだわらず、抽象的損害計算を行っているのではないか。

る。

労働能力喪失率表は労災補償の給付額から逆算されたもので、各機能障害の程度を、医学などの知見に基づき、労働作業動作を細かく分解して、各動作について、できるかどうかを詳細に検討した結果を科学的に導き出したものではない。加えて、この数字の元になっている労働省労働基準局長通牒は昭和32年のものであり、その淵源になった昭和6年の災害扶助法施行令にいたっては、工場法時代の鉄道や製鉄所等における労働・労災実態を参考にしている。それらは、ＩＴ化が進んだ今日の労働実態から見れば、およそ古色蒼然たるものである（以上については、東京三弁護士会交通事故処理委員会編『新しい交通事故賠償論の胎動』（2002年）169頁以下参照）

より重大な問題は、この労働能力喪失率表は、事故前に障害を持っていた人の能力を測るものではなく、あくまで、労災や交通事故によってそのような障害を負ってしまった被害者の救済、その賠償ないし労災補償のためのものだということである。したがって、事故前（あるいは生来）の障害によって「労働能力」がどの程度制限されていたか、さらには、事故がなければ将来、その能力をどう発展させることができたかをはかる尺度としては、およそ意味を持たないものである。

裁判例の「限界」のもう一つの要因は、人身損害における将来の逸失利益の算定にあたっても「できるだけ高い蓋然性をもって認定しなければならない」という実損ないし実費主義の縛りである。令和5年の大阪判決が掲載された判例時報の無署名解説が、「逸失利益算定の作業は・・・・『できる限り蓋然性のある額』を算定するものであるから、基礎収入を全年齢平均賃金によることができるのは、その程度の収入を得られる蓋然性がある場合であり（ただし、実務上は、特段の事情がない限り、その程度の収入を得られる蓋然性を肯定している）、証拠資料から、そのような蓋然性があるとは認められない場合には、平均賃金ではなく、将来得られる蓋然性のある収入額によることになる」と述べているのが、ここでいう「実損ないし実費主義の縛り」である。

＊逸失利益の算定において「その程度の収入を得られる蓋然性」を求める「実費主義」が依拠するのが、年少者に逸失利益を初めて認めた最判昭39・6・24民集18・5・874である。確かに、この判決は、「できうるかぎり蓋然性のある額を算出するように努め」としている。また、「蓋然性に疑がもたれるときは・・・・控え目な算定方法」を採用することが推奨されている。しかし、この判決は、それが言い渡されたコンテクストの中で理解する必要がある。昭和30年代後半まで、被害者が年少者や主婦のように無収入者であった場合に死者の逸失利益の賠償請求権を認めることができるかどうかについて、なお裁判例は分かれていた。最高裁も、昭和37年の段階では、3歳の男児死亡の事例で、原判決が、事故による死亡当時3歳の男子が生存していたとして何時ごろから少くともどれだけの純収入を得るか、それを同人の死亡当時に評価してどれだけの数額になるかを算定することはきわめて困難な問題であるところ、控訴人（上告人）ら提出、援用の証拠によっては、まだこれらの事実を適確に推認することはできな

＊ここで注意すべきは、このような算定方式は、あくまで、前述したような特質を有する人身損害賠償における損害額算定の一つのルールないしガイドラインだということである。この点につき、大阪地判平3・3・29判時1383・22は、公害訴訟という類型においてではあるが、いわゆる包括請求を肯定する前提として、「従来の個別積算による損害額算定の方式も、損害額算定の一つの法技術に過ぎず、唯一絶対のものというほどのものではない。一見客観的かつ合理的であるかに見えて、これも現に慰謝料の補完作用が行われていることを考慮すると、結局個別積算で満たされない損害を補って、総額としての損害額の社会的妥当性を図っているものと解される」と述べて、個別積算方式（「交通事故方式」）の性格と限界を端的に指摘している。

(3)年少障害者の逸失利益に関する裁判例の評価

障害者をめぐっては、2011年に障害者基本法が改正され、2013年には障害者差別解消法と障害者雇用促進法が制定された。これらの法律において、障害者とは「障害及び社会的障壁により継続的に日常生活又は社会生活に相当な制限を受ける状態にあるものをいう」とされ（基本法2条1号）、「社会的障壁の除去は、それを必要としている障害者が現に存し、かつ、その実施に伴う負担が過重でないときは、それを怠ることによって前項の規定に違反することとならないよう、その実施について必要かつ合理的な配慮がされなければならない」とされている（同法4条）。

ここでは、障害者が日常生活又は社会生活（あるいは労働）において受ける「制限」には「社会的障壁」（「障害がある者にとって日常生活又は社会生活を営む上で障壁となるような社会における事物、制度、慣行、観念その他一切のもの」（同法2条2号））が原因となっているものがあるという障害観（「障害の社会モデル」）が示されている。そして、その障壁を克服する方向で法や社会は変わるべきであるとされているのである（以上については参考文献①⑥参照）。

これらの法律を貫いているのは、障害者差別を克服し、障害者の基本的人権が、障害を持たない人と等しく保障されるべき（法の下の平等という憲法14条の原則が障害者においても実現されるべき）ということである。このような理念は、単に法が定めているだけではなく、今日の社会における市民の規範意識となってきている。そして、そのことが、前述のような実務の変化をもたらしているのである。その意味で、このような実務の変化は肯定的に評価されるべきである。

しかし、それにもかかわらず、現時点で、裁判所が認めた逸失利益の水準は、障害のない年少者に（その属性にかかわらず）認められている水準（平均賃金）を下回っている。その要因の一つとして、「障害者の労働能力は障害のない者に比べて劣っている」という固定観念があるのではないか。

＊この点に関して、労働能力喪失表が持ち出されることがある。しかし、労働能力喪失率表を年少障害者の逸失利益を考える場合に（限定的にであっても）持ち出すことには重大な問題があ

行為なかりせば生じていたであろう状態と現に不法行為の結果、出現した状態の差を金銭に評価するという作業によって初めて差額としての損害が明らかになるのであるから、そこには、評価という要素が介在せざるをえないことである。とりわけ、当該利益が市場価値をもたない人身損害の場合、損害（額）は計算ないし発見という作業だけでは確定し得ない。

もちろん、以上のように述べることは、損害額の算定が何の基準もなく、裁判官の自由な裁量によって決まるということを意味するわけではない。裁判による解決が当事者に、さらには社会に広く受け止められるためには、損害額を算定するという評価的作用を導く適切なルールが設定される必要がある。

そのようなルールを考える場合、まず重視すべきは、損害賠償の目的としての原状回復であり、どのような額の賠償を認めれば被害者の事故前の利益状態（原状）を回復できるのかということを重視すべきである。

第二には、当該不法行為によって侵害された権利・法益の内在する価値も重要である。特に、人の生命が奪われた場合、それに対する損害賠償額の算定に当たっては、人間や生命の尊厳、その平等性といった規範的要素を考慮した算定が望ましい。

(2)「交通事故方式」の意義と限界

交通事故により人身損害が発生した場合、以下のような算定論（「交通事故方式」）が一般的に採用されている。

- まず、被害者死亡の場合、死者自身に発生した賠償請求権が（慰謝料請求権を含めて当然に）相続人に相続される（相続構成）。ただし、一定範囲の遺族には固有の慰謝料請求も認められる。
- 次に、人身事故によって生じた損害は財産的損害と精神的損害に分けられ、さらに前者は積極的損害と逸失利益に分類される。これらの各損害項目について個別に賠償額が算定され、それらを合算したものが賠償額となる（個別積み上げ方式）。
- このうち逸失利益については、事故により被害者が失った所得を賠償するという立場（所得喪失説）がとられ、被害者の従前の収入（正確に言えば、従前の収入から予測される将来の収入）が算定の基礎に置かれるが、専業主婦や年少者のように事故当時収入のなかった者についても、平均賃金を基準とした算定がなされ、その際、事故により稼働能力ないし労働能力を失ったことが損害にあたるという考え方（労働能力喪失説）が引かれることもある。

この方式が、賠償額の算定方法を合理化・客観化し、迅速な被害者救済に資するものであったことは否定できない。また、この方式は、それが、ある種の客観性と定型性を有し、当事者にも社会的にも受容されやすいこと、裁判官としても利用しやすいこともあり、交通事故以外の人身損害賠償においても一般的に採用されることが多い。しかし、他方で、この方式に限界や問題点があることも多くの論者によって指摘されている。そこで、その後の実務は、基本的な枠組みは維持しつつ、この方式に一定の修正を施すようになっている。

の発揮を阻害する事情であることは否定し難く、このことを、本件事故による逸失利益として被控訴人が損害賠償責任を負う額の算定に際して無視することは困難である」が、「我が国における近年の障害者の雇用状況や各行政機関等の対応、障害者に関する障害者雇用促進法等の関係法令の整備状況、企業における支援の実例、職業訓練の充実、点字ディスプレイ、画面読み上げソフト等の IT 技術を活用した就労支援機器の開発・整備、普及等の事情を踏まえると、身体障害者であっても、今後は、今まで以上に、潜在的な稼働能力を発揮して健常者と同様の賃金条件で就労することのできる社会の実現が徐々に図られていくことが見込まれ・・・・現に職場又は家庭において、健常者に劣らない活躍をしている身体障害者も少なくないと認められ」、こと A については、「全盲の障害があったとしても、潜在的な稼働能力を発揮して健常者と同様の賃金条件で就労する可能性が相当にあったと推測される。」

・**大阪地判令 5・2・27 判時 2572・71**―聴覚障害がある 11 歳の女児の交通事故による死亡事案において、逸失利益算定の基礎となる A の基礎収入を、全労働者平均賃金の 85%に相当する額とした。判決は、「A の聴力障害は・・・・労働能力に影響がない程度のものであったということはできない」ことから、「A の死亡時において、聴覚障害者の収入が全労働者平均賃金と同程度であったとはいえない」とする。しかし、「死亡時に 11 歳であった A が将来就労したであろう時期においては、聴覚障害者の大学等への進学率の向上及び同年における聴覚障害者の若年層の雇用者の年齢の上昇による聴覚障害者の平均収入の上昇を予測でき、また、法律等の整備を前提とする就労機会等の拡大やテクノロジーの発達によるコミュニケーション手段の充実により聴力障害が就労に及ぼす影響が小さくなっていくものと認められ、この点においても、聴覚障害者の平均収入は平成 30 年における金額より高くなると予測できる」としたうえで、上記の額の逸失利益を認めたのである。

2．考察(私見)

(1)人身損害の特質と賠償額算定論

人身損害の場合、侵害された法益は人の生命や身体であるが、これらの法益は、本来、金銭的な評価が困難ないし不可能なものである。しかし同時に、軽微な健康被害を別にすれば、人身損害は、元の状態に戻すという本来的な意味での原状回復が不可能な場合が圧倒的に多く、金銭賠償以外に適当な方法が見つからない。金銭で測れないものを金銭で賠償するのであるから、物損の場合と異なり、発生した損害を金銭的に評価するという裁判官の創造的作用が働かざるをえない。

損害額の金銭評価に関する裁判官の評価的創造的役割を強調するのは、損害を不法行為によって生じた不利益な事実としてとらえる、いわゆる損害事実説であるが、留意すべきは、損害を不法行為によって生じた金銭的な差（差額）としてとらえる差額説においても、不法だし、全年齢の平均賃金ではなく19歳のそれを使ったり、全年齢平均賃金に一定の減額割合を乗ずることにより、障害のない年少者より低い額の逸失利益を算定)。

・**さいたま地判平27・12・11LEX/DB25541940**—ダウン症の3歳の女児が保育所のプールで溺死した事件において、平均賃金の70%の逸失利益を認めた。判決は、「知的障害者が一般企業へ就労する機会が増えつつある現状に鑑みれば、健常者の賃金水準には劣るとしても、知的障害者がその有する能力を十分に活用することができる職場において就労する機会を得ることや、一般就労か福祉就労かにかかわらず、健常者との賃金水準の格差が是正されていくことが一定程度期待することができる」とし、「障害者基本法の改正、障害者差別解消法の成立、障害者権利条約の批准などにより教育における合理的な配慮、障害に対する理解、支援等が広がりつつある」と述べている。

・**東京地判平31・3・22労判1206・15**—知的障害（自閉症）を有する15歳の男児（A）死亡ケースにおいて、「知的障害者雇用に関連する社会の情勢も漸進的にではあるが改善されていく兆しがうかがわれる。このような事情に照らせば、我が国における障害者雇用施策は正に大きな転換期を迎えようとしているのであって、知的障害者の一般就労がいまだ十分でない現状にあるとしても、かかる現状のみに捕らわれて、知的障害者の一般企業における就労の蓋然性を直ちに否定することは相当ではなく、あくまでも個々の知的障害者の有する稼働能力（潜在的な稼働能力を含む。）の有無、程度を具体的に検討した上で、その一般就労の蓋然性の有無、程度を判断するのが相当である」とした上で、「自閉症で重度の知的障害者であるAにおいても、一般就労を前提とした平均賃金を得る蓋然性それ自体はあったものとして、その逸失利益算定の基礎となる収入としては、福祉的就労を前提とした賃金や最低賃金によるのではなく、一般就労を前提とする平均賃金によるのが相当である」とした。本判決が、このような算定を行った基礎には、障害者とその雇用をめぐる社会情勢の変化についての裁判所としての認識と評価がある。判決は、障害者の就労に関する状況が現状固定的にではなく（転換期にあるとの認識のもとに）未来志向的にとらえている。ただし、判決は、「もっとも、Aが原告らの主張するような平均賃金額をその就労可能年当初から得られる高度の蓋然性があると見ることは障害者と障害者でない者との間に現に存する就労格差や賃金格差を余りにも無視するものであって、損害の公平な分担という損害賠償制度の趣旨に反することとなる」などとして、19歳までの平均賃金の年収を得られたものと控え目に算定するのが相当であるとした。

・**広島高判令3・9・10判時2516・58**—交通事故で労働能力を失った17歳のAの後遺障害逸失利益の算定が問題となった事案（Aは未熟児網膜症のため（事故前に）全盲の視覚障害者となっていた)。第1審の山口地裁下関支部は、後遺障害の基礎収入について、全年齢の平均賃金の7割を認めた（令2・9・15LEX/DB25566733）が、控訴審の広島高裁は、以下のように述べて、それを平均賃金の8割に引き上げた。

「A が本件事故の前から抱えていた全盲の視覚障害が労働能力を制限し、又は労働能力

シンポジウム第３報告

各論①「障害を持つ年少者の逸失利益」

吉村良一（立命館大学名誉教授）

１．年少障害者の逸失利益に関する裁判例の流れ（参考文献④参照）

(1)逸失利益の否定期（損害発生の否定）：昭和末期から平成初期

就労可能性がない（もしくは困難）として逸失利益を否定（損害そのものの否定）

＊「当初はそもそも障害者が民事訴訟を通じて加害者に対して損害賠償を請求するということが極めてまれであったためか、一般的には重大な問題として活発に議論される段階には至らなかったように思える」（参考文献④121 頁）。

(2)逸失利益の肯定期（損害発生を肯定しその額の算定論に議論が移行した時期）：平成中期以降

・東京高判平 8・11・29 判時 1516・78—-（原審のように）地域作業所入所による平均年間所得を算定の基礎とするのでは、その額が「余りにも現実の労働に対する対価とは質的に異なるほど低廉であるというのであれば、相当に大幅な修正を施さない限り、一人の人間の生命の現価として数額をもって評価するには、非現実的で労働による収入額とはかけ離れた数額となりかねないであろう」、「人間一人の生命の価値を金額ではかるには、この作業所による収入をもって基礎とするのでは余りにも人間一人（障害児であろうと健康児であろうと）の生命の価値をはかる基礎としては低き水準の基礎となり適切ではない（極言すれば、不法行為により生命を失われても、その時点で働く能力のない重度の障害児や重病人であれば、その者の価値を全く無価値と評価されてしまうことになりかねないからである）」（下線は報告者による）として、最低賃金等による試算のうえ、1800 万円の逸失利益を認めた。

・青森地判平 21・12・25 判時 2074・113—「知的障害者が一般企業へ就労する機会が増えつつある現状に鑑みれば、健常者の賃金水準には劣るとしても、知的障害者がその有する能力を十分に活用することができる職場において就労する機会を得て、授産施設における作業による賃金と比較すれば高水準の賃金を得ることも可能な状況になりつつあるということができ、このような状況は、障害者に対する理解が遅々としたものではあっても徐々に深化してきていることを示すものというべきであって、今後も将来にわたって、知的障害者がその能力を十分に活用することができる職場が徐々に増加することを期待し得るものというべきである」と述べ、最低賃金による算定を行った。

その後、逸失利益は認めるが、（平均賃金を基準とするのではなく）最低賃金を基準とした平成中期の裁判例と異なり、平成末期以降、平均賃金を基準とする裁判例が登場する（た

報告４　各論②　社会情勢の変化等を踏まえた主婦休損についての考察

溝口　優
（岡山地方裁判所判事）

司会・奥田　引き続きご報告をお願いしたいと思います。

今、岡山地方裁判所で判事をされておられます。ご略歴なんですけれども、平成一四年三月に、中央大学大学院法学研究科修士課程（民事訴訟法専攻）を修了されて、同年四月、司法修習生になられました。司法修習の五六期と伺っています。平成一五年一〇月、判事補任官されて、東京地裁の判事補、平成一八年四月、日本銀行のほうに行かれ、平成一九年四月に京都地裁判事補、平成二二年四月、長崎地家裁五島支部判事補（支部長）をされました。大阪地裁判事補をされて、平成二五年一〇月に、大阪地裁判事となられました。平成二七年四月、福岡地裁、平成三〇年四月、大阪地方法務局訟務部付検事、令和二年四月に、大阪地裁判事（第一五民事部・交通部）に異動されました。三年後、現職の岡山地裁判事になられたということです。

活動実績、当学会に関連するところとしますと、先ほど申し上げました大阪地裁第一五民事部（交通部）において、三年間、交通事故損害賠償請求訴訟を担当されておられるということになります。

それでは溝口様、ご報告よろしくお願いいたします。

ただ今ご紹介いただきました岡山地裁判事の溝口と申します。今回の報告は、一昨年、関西支部で報告させていただいた内容をお話しさせていただくものです。もともと今回報告をさせていただくようなことを考えるに至ったきっかけは、レジュメの三頁目に記載させていただいたとおりです。

要するに、交通事故損害賠償請求事件では、色々な世帯構成の被害者の方がいます。夫婦ともにフルタイムで働き、それぞれが平均賃金以上の収入を得ている状況の中、小さい子供がいて、子供を保育園に預けながら家事、育児を分担しながら生活している世帯の方もいるし、夫婦だけの世帯で妻が専業ないし兼業主婦、あるいは夫婦とも無職といった世帯の場合もあります。

前者の世帯、完全共働き世帯と便宜上いいますが、完全共働き世帯の場合、まず、夫が怪我をしたときには、そもそも家事労働の部分について休業損害が請求されること自体がほとんどないだろうと思います。

また、妻が怪我をした場合でも、フルタイムで働いていて、給与所得者という扱いになれば、同じように家事部分についての休業損害の請求自体がないことがむしろ多いと思います。

ただし、完全共働き世帯で妻あるいは夫が怪我をしたというとき、夫婦二人で家事、育児を分担している状況の中、どちらか片方だけでも怪我で動けなくなるというのは、かなり大変なことだと思います。実家に手伝ってもらうのか、あるいは別の手段で何とかするのか、怪我をしなかったほうが、仕事をセーブして子供の世話をするとか、そういったことをしなければならないのが実態ではないかと思われます。

他方で、夫婦だけの世帯で妻が専業主婦の場合、実際、妻が家事をしているという実態はあるのかもしれませんが、軽い怪我であれば、ほとんど家事の支障はないでしょうし、家事の提供を受けていたのが夫だけであれば、夫は自分の分の家事程度は自分でできるだろうと思います。

多くの事例を経験してきた中で、現在の家事労働者の休業損害に関する実務上の扱いが、果たして実態に即したものになっているのかという疑問を強く感じることがあります。

レジュメの二頁目に記載したとおり、現在の裁判上の基準では、基本的に、専業主婦、兼業主婦であれば、平均賃金を基礎収入として算定される休業損害を認めるというのが一般的かと思います。

逆に、フルタイム勤務の給与所得者で、主婦ではないということになれば、現実の給与収入の減少分を休業損害として認め、家事労働の部分は特に損害として評価しないというのが一般的であると思います。

そもそも、こういった取扱いが果たしていいのかどうかは、家事労働者の休業損害が認められてきた経過や、理論的根拠にまでさかのぼって考えてみる必要があるのではないかと思います。

大島先生、その他の先生のご報告の中でも出てきましたが、家事労働者の休業損害は、基本的には昭和四九年の最高裁判決からスタートしているのだろうと思います。その中で触れられているのは、労働社会において、家事労働は金銭的に評価され得るもので、これを他人に依頼すれば当然相当な対価を支払わなければならず、妻が家事労働に従事することで財産上の利益を上げている、のみならず、支出の削減で蓄積されていった財産は、財産分与という形で最終的には妻に還元されていくということです。昭和四九年最高裁判例はこのような点を根拠としていますが、その前提で、差額説から家事労働者の休業損害を認める根拠を説明するならば、家事に専従する、家事をもっぱら担うことによって家計支出の増加を免れている、支出を免れているといった点で差額を一応観念することができ、差額説の中に収まっていると、そういう理解ができるのではないかと思います。

そうした考え方に立って、家事労働者の休業損害は、どういった場合に認められるべきなのかということを考えると、結論的にはレジュメの四頁目から五頁目にかけて記載しましたが、実際に被害者が家事、育児を行っていることを大前提として、被害者が家事を提供している他人が世帯にいて、その他人のための家事を代替するために支出を余儀なくされるということがあれば、その家事労働の部分について、損害を認めることはできるでしょうし、その逆に、被害者から家事の提供を受けていた他人がいても、もし被害者が家事をできなくても、代替する支出が生じるとは言えないとき、具体的には、その他人自身が自分の分の家事は自分でできると言えるようなときには、家事労働者としての損害を認める根拠はなくなってくるのではないだろうかと考えます。この点が今回の報告の骨子になります。

ここで、レジュメの五頁目以下には、男女共同参画白書から抜粋した社会情勢の変化に関する統計を記載しています。昭和四九年最高裁判決は、約五〇年前のものになりますが、この判決をどのように読むかは考え方が割れるかもしれませんが、基本的には、妻が家事をできなければ、他に頼むしかないということ、要するに、基本的には男性は家事をしないということが、暗に前提になっているのではないかと思います。

つまり、男性は外に出て働いて稼ぎ、女性は家事、育児を担って家庭を守ると。このような性的役割分担といったものを大前提にした判決ではないかと思いますが、レジュメの五頁目以下に記載した統計をみると、五〇年経った現状では、社会的な意識や背景がだいぶ変化していると言えるのではないかと思います。

例えば、レジュメの七頁目に、共働き世帯数の推移を記載しています。昭和五五年頃には、圧倒的に専業主婦世帯が共働き世帯より多く、専業主婦世帯が共働き世帯の倍近くあるという状況ですが、平成の一桁台から一〇年代ぐらいのところで大体同数ぐらいになり、令和二年時点では、圧倒的に共働き世帯が多くなっています。この共働き世帯の中にはいわゆる兼業主婦世帯、妻がパート労働などをしている世帯も、共働き世帯であると数えられていると思われるので、完全に男女が、夫と妻が共同して家事を分担しているということではないのだろうと思いますし、今回記載を割愛しましたが、家事に割いている時間は女性のほうがかなり多いという統計もあります。ただし、実際に、共働き世帯は、明らかに増えていますし、レジュメの五頁目以下に記載しているとおり、意識の問題としても、女性は結婚して出産したら家庭に入る、その後は仕事しないというような意識は低くなっています。

現状、交通事故損害賠償事件を担当している中で、被害者が完全共働き世帯である事例をそれほど多く経験するわけではないが、今後、将来を見据えたときには、完全共働き世帯がむしろスタンダードになっていくことも考えられると思われます。

なお、今回のレジュメにはそれほど多くを記載していませんが、少子高齢化が進み、働きながら親の介護をしている方が被害者になった事例を見受けることがあります。育児とは少し異なるかもしれませんが、仕事をしながら担っている介護の部分に関しても、家事労働と同じような捉え方をして、何らかの損害を認めていかなければならないのではないかという問題意識も持っています。

ここまでお話しさせていただいたとおり、家事労働者の休業損害について、もし家事ができなくなったときには他人に頼まざるを得なくなり、他人のための家事をしていることで、支出を免れているという点が損害を認める根拠であるとすれば、現在の裁判上の基準のように、収入の多寡、多いか少ないかという観点で家事労働者であるか、家事労働者としての休業損害を認めるかを考えるのではなく、実際に他人のための家事をしているという実態があり、かつ、その他人が被害者の方に頼らざるを得ないという実態がある以上は、損害を認めていいのではないかと考えています。

具体的に言うと、未成年の子供がいる共働き世帯やひとり親の世帯、要するに被害者によって家事をしてもらわなければいけない他人がいる世帯の場合、実際に給与所得の減少はなくても、家事労働の部分を評価して、休業損害を認めるといった方向を考えるべきではないかと思います。また、その被害者について、給与所得の減少もあったならば、給与所得の減少分に上乗せする形で家事労働分の休業損害を認めることもあってよいと考えます。要するに二階建てのような形になるわけですけれども、そういうことも考えていかなければならないと思います。

逆に、今まで家事労働者としての休業損害が認められてきた中には、そういった損害を認めるだけの実態を伴わない場合もやはり含まれているのではないかと思います。具体的には、成人だけの世帯で、事実として被害女性が世帯内で家事を主に担当していたという実態はあって、もし被害女性が怪我をして家事に支障が生じた場合でも、夫や成年の子など、世帯内の他人が自分の分の面倒ぐらい自分で見れるだろうと言える世帯に関しては、家事労働部分についての休業損害を必ずしも認める必要はないのではないかと考えます。

後者については、今まで休業損害が認められていたものを認めない方向に変えて行く話であるため、実務的に受け入れ難いということが言われるかもしれませんが、ただし、家事労働の実質の部分に着目して損害を考えていくということであれば、つまり、先ほど申し上げた前者のほう、小さい子供、未成年の子供がいる世帯について、実態に即した損害を認めていくということであれば、後者のほうについて、実態がない以上損害は認めないということも、これはワンセットにして考えていかなければならないと考えます。

レジュメでは、実際の事例を幾つか表の形であげさせていただいています。これをすべて紹介することはできませんが、例えば、事例の2番のケースは、夫が会社役員で、交通事故被害者の妻も同じ会社、同族会社ですが、そこの役員をしていました。上が一二歳から下が八歳までの三人の子供がいて、妻が名義だけの役員なのか、実際の稼働実態があったのかという点は、はっきりしなかった事例ですが、この事例で家事労働者としての後遺障害逸失利益と休業損害が請求されていました。この事例には、二つハードルがあって、役員報酬が一、三〇〇万円以上あるために主婦として評価できないのではないかという点と、そもそも給与ではなく役員報酬で、役員報酬が減額されたわけではないため、現実の減収がないのではないかという点です。当然被告側は、休業損害も後遺障害逸失利益も争いましたが、和解協議の中で、やはり小さい子供が三人いて、実際、原告が家事、育児をしていたでしょう、通院などをしたことで家事、育児に支障が出た以上は、休業損害が認められるべきではないかという理屈で和解を提案し、結果、和解ができた事例です。判決であれば、このような理屈で休業損害を認めることは難しいのかもしれませんが、実際の事件では、今日お話しさせていただいたような考え方で和解による解決をしているケースもあります。

事例7番のケースは、夫が七〇代で、定年退職後の年金生活で無職、交通事故被害者の妻も無職。成人の子供が二人いて、一人は会社勤めですが、もう一人はニートみたいな感じで無職。ただし、無職の方の子供には障害があって、年金と勤めている子供の収入で生活しているという世帯でした。この事例に関しては、成人だけの世帯なので、本来、主婦として休業損害や逸失利益を認めるには難しいかとも考えましたが、子供に障害があるという点で、介護的な要素があると考えられましたので、基本的には損害を認める方向で和解による解決をした事例です。

実際の事件では、その他にも様々なパターンがありますが、例えば、事例13番は、被害者が母親で七四歳、息子二人が結婚せず、実家を出ずにそれぞれ働いて生活している世帯で、息子らが家にお金を入れていた雰囲気もないといった事例でした。この事例で子供のための家事をしていたため、家事労働者としての休業損害や逸失利益が発生するという主張があり、息子らはそれぞれ成年、しかも四〇、五〇歳というような年齢でしたので、休業損害や逸失利益を認めるのは難しいとも考えましたが、家事労働者という評価自体は可能で、現在の実務上の基準を踏まえると休業損害をゼロにするのはやり過ぎのように思われました。結論としては、息子らは成年で自分の分の家事は自分でもできるはずであるという理由を付けて、基礎収入を大幅に削り損害額を認定することにしました。

このように、様々な事例がある中で、裁判官としては、事案ごとの事情を考慮しながら事件処理をしているわけですが、今日お話しさせていただいたように、従前の基準や考え方のとおりでよいのかどうかについては、今後、しっかり議論していく必要があると思われますし、今回の報告がそのきっかけになればよいと考えている次第です。

司会・奥田　溝口様ありがとうございました。

	性別	年齢	職業	収入	世帯構成				受傷結果	後遺障害等級	休業損害（主婦休損）主張			備考
					続柄	年齢	職業	収入			基礎収入	休業日数	請求額	
13	女	74	無職	¥0	子（成年）	47	就労	不明	左大腿骨遠位端骨折、左脛骨高原骨折	12級	¥2, 945, 600	560	¥3, 112, 599	母と成年の子２名の世帯。原告は事故の３年前に吐血のため入院した病歴があるほか、事故の１年前に腰椎圧迫骨折をして事故時点でも通院していた。
					子（成年）	44	就労	不明						
14	男	26	無職	¥0	母	48	看護師	不明	右下腿打撲傷 右腰部打撲傷	12級	請求額特定未了			実母と２人世帯。実母は看護師としてフルタイムで勤務し、被害者自身は無職。母のために家事労働をしていたとして主婦（主夫）休損を主張。
15	女	47	自営	61万円 （申告額）	父	76			頸椎捻挫 腰椎捻挫	非該当	¥3, 880, 100	180	¥1, 680, 304	高齢の父母と同居。家事従事者としての側面があることや経費に家事関連費が混入しているとして主婦休損を請求。なお、診療記録には母親が家事労働を担っていた旨の記載がある。
					母	76								
16	女	82	無職	¥0	子	55	会社員	¥6, 000, 000	左恥骨骨折 第３腰椎椎体骨折 左坐骨神経痛	11級	¥3, 880, 100	310	¥3, 295, 427	住民票上の住所地は息子家族と同一であるが、玄関が分かれている二世帯住宅。原告の夫は２～３年前から入院していて原告居住部分には原告のみが居住していた。
					義理娘	55	会社員	¥6, 200, 000						
					孫（成年）	27								
					孫（成年）	26								
17	女	38	助産師	¥4, 300, 000	夫	41	会社員	不明	外傷性頸部症候群、右下腿三頭筋損傷、右下腿筋挫傷	なし	¥3, 727, 100	150	¥1, 531, 650	助産師として稼働し、事故の翌月は有給休暇を９日取得したが、翌々月からはフル稼働。事故から５か月間は家事代行を利用した。なお、事故翌年には第３子が出生した。
					子（未成年）	12	小学生							
					子（未成年）	2	未就学児							
18	女	52	不明	不明	なし				左膝前十字靭帯損傷 左膝外側副靭帯損傷	非該当 （７級主張）	¥4, 200, 700	510	¥5, 979, 325	単身者であるが、母親（80歳）が姉と同居し、姉が忙しく原告が家事をしていたとして主婦休損を請求（示談で主婦休損を一定金額受給済み）。
19	女	43	営業職	不明	子（未成年）				右手関節捻挫，打撲傷 右股関節捻挫	14級	¥3, 880, 000	172	¥1, 828, 384	営業職で未成年子（２名）を育てるシングルマザーであり、仕事を休むことができずに休職（減収）はしていない。
					子（未成年）									
20	女	58	契約社員 （パート）	¥1, 500, 000	夫	65	アルバイト	不明	外傷性心肺機能停止等	別表１・１級 遷延性意識障害 →死亡	¥3, 727, 100	3年253日	¥13, 764, 742	配偶者は定年退職後、再就職し午後３時までのアルバイト勤務。子は二人いるが、二人とも成人して独立している。
21	女	47	デザイナー	不明	子（未成年）		小学生		頸部・腰部捻挫 右頭部・右股関節・右下腿打撲	非該当	¥3, 826, 300	212	¥1, 515, 842	小学生の長女と二人暮らし

主婦休損事例

	性別	年齢	職業	収入	世帯構成				受傷結果	後遺障害等級	休業損害（主婦休損）主張			備考
					続柄	年齢	職業	収入			基礎収入	休業日数	請求額	
1	女	45	契約社員	¥250,000	弟	42	会社員	¥5,300,000	頭部打撲 頚部打撲 両肩捻挫	14級	¥3,778,200	169	¥1,749,358	実母と実弟の３人世帯。 実母は事故の約３年前に倒れて入院し、低酸素脳症により寝た切り状態（完全看護体制の病院に入院中で自宅退院見込みなし）
					母	75	無職	¥0						
2	女	45	会社役員 （取締役）	¥13,200,000	夫	64	会社役員	不明	頚椎捻挫 腰椎捻挫	14級	¥3,347,050	107	¥981,190	既往の頚椎椎間板ヘルニアがあり、原告の主張は後遺障害等級12級。 夫が代表者である家族経営会社の取締役として月額110万円の役員報酬を受領。取締役としての稼働実態は不明。
					子（未成年）	12	小学生	¥0						
					子（未成年）	10	小学生	¥0						
					子（未成年）	8	小学生	¥0						
3	女	47	病院職員 （看護助手）	¥2,700,000	夫	不明	不明	不明	腰椎椎体骨折	11級 （脊柱変形）	¥2,672,530	98	¥909,956	夫婦のみ世帯（事故後離婚）であり，週5日・8：30～17：00勤務の正規雇用者。
4	女	32	医療事務	¥2,500,000	夫	33	会社員	¥5,200,000	下顎骨骨折	14級 （右頬知覚異常）	¥3,778,200	437日 休業割合による請求	¥1,110,687	夫婦のみ世帯。夫運転のバイクの後部座席に乗車していて事故により受傷。事故後5日間入院したが，夫も約2週間入院。事故後2週時点の症状は右頬の知覚異常のみ。
5	女	63	無職	¥0	子（成年）	30代	会社員	詳細不明	脳挫傷等	事故3日後に死亡	¥3,880,100	3	¥31,891	被害者（63歳女性）は成人して会社員として稼働している娘と二人暮らし。
6	女	47	パート	¥900,000	夫	49	会社員	¥11,000,000	頚椎捻挫	なし	¥3,778,200	56日 休業割合による請求	¥173,900	同一事故で受傷した夫は事故当時は単身赴任中（家族旅行中の事故）。大学生～中学生の子３名と妻が同居し，妻はパート勤務。
					子（成年）		大学生	¥0						
					子（未成年）		高校生	¥0						
					子（未成年）		中学生	¥0						
7	女	74	無職	¥0	夫	70代	無職	年金	外傷性脳室内出血	1級1号	¥3,762,300	190	¥1,958,457	夫、有職者の娘（成人）、障害のある息子（成人・障害等級１級）と同居。被害者もアルツハイマーの既往症があったものの、息子の介護（介助）をしていた。
					子（成年）	40代	会社員	詳細不明						
					子（成年）	40代	無職	詳細不明						
8	男	38	無職	¥0	父	73	無職	年金	右膝蓋骨骨折	12級7号	¥3,880,100	377	¥4,007,664	事故の数年前に母が亡くなるまでは母の介護をしていた模様。診療記録上，父のための家事はしていないと記載されている。
9	女	27	専門学校生 （アルバイト）	不明	母	50代	病気入院中	不明	頚椎捻挫、腰椎捻挫	14級9号	¥3,880,000	195	¥621,855	母と同居。入院中の母の代わりに祖母の病院付添をし、母の退院後は病み上がりの母のために家事をしていたとして主婦休損を主張（請求割合は３０％）
10	女	73	無職	¥0	夫	77	無職	年金	頚部打撲 腰部打撲 めまい等	14級	¥3,778,200	229	¥2,370,379	無職の高齢者夫婦世帯
11	女	36	会社員 （カード会社）	月額約40万円	母	61	会社員	不明	左大腿打撲 左骨盤部骨挫傷 左膝挫創	なし	¥3,826,300	240	¥1,044,107	同居家族（母・祖母）のために就労しつつ家事労働をしていたとして主婦休損を請求
					祖母	83	無職							
12	女	70	無職	¥0	夫	73	無職		腰背部打撲 頚部捻挫 背部捻挫 腰椎捻挫等	14級主張 （自賠非該当）	¥3,762,300	202	¥1,306,539	夫，妻及び子の３名が同一事故で受傷して人身損害について損害賠償請求。休業損害の請求は妻のみ。
					子（成年）	42	無職	¥0						

用とは異なる点を多く含むものであるが、社会情勢や性別役割分担に関する意識が変化しつつある中、従前の運用を見直す議論や検討をすることは必要ではないかと考えるところである。

以上

介護をしている事例【事例番号１など】において、子が交通事故で受傷し、看護・介護に支障が生じたときには主婦休損類似の損害が認められてよいと考えられる。

(3) 一人親世帯について【事例番号１９・２１】

一人親世帯（母子家庭・父子家庭）においては、親が就労しつつ家事・育児も行うことになる。そのため、元から祖父母と同居して援助を受けていたような場合を除き、親が交通事故により受傷して家事負担をできないときは、家事を代替する支出等を余儀なくされるといえる。一人親の場合、生計を維持する必要性から事故により受傷しても休職しないで就労を続ける事例がみられるが【事例番号１９】、減収がなくても主婦休損を認めるべきであるし、減収があったときには減収分に加えて主婦休損を認める余地があるのではないかと考えられる。

５　まとめ

以上の考察の要旨は以下の２点である。

①未成年の子がいる完全共働き世帯や一人親世帯については、実際の減収がなくても主婦（主夫）休損を認め、減収があった場合は減収額に加えて主婦休損を認めるべきではないか。

②成人のみの世帯（介護・看護を要する者がいる世帯を除く）については、原則として各人が自らの分の家事を負担できる（すべきである）ため、主婦休損を認める必要はないのではないか（被害者が世帯内で家事を負担している事実があるだけで、主婦休損を認めるのは広きに失するのではないか）。

今回の考察は、多分に私見であり、従来の保険金支払や裁判実務上の運価をするべきではないであろうと思われる。

③夫婦ともに無職の世帯【事例番号７・１０・１２】

夫婦ともに無職の世帯の場合、夫婦それぞれが自らの分の家事を行うことができるはずで、原則として主婦休損を観念する必要はない。もっとも、夫婦ともに無職の世帯は高齢の夫婦であることが多く、妻が家事を行う（夫は家事をしない）という家庭内の役割分担が固定化していて現実的に夫に家事負担能力がない場合もあり、夫の健康状態が芳しくなく妻の家事が介護的性質を帯びていることもある。個別事情により主婦休損を認める余地があると思われる。

④親と成年の子の世帯【事例番号５・８・９・１１～１６】

親と成年の子が同居し、親が子のために家事を負担している【事例番号５・１２・１３・１６】、その逆に子が親のために家事を負担している【事例番号８・９・１１・１４・１５】として主婦休損が請求される事例がある。

成人に達した子が実家暮らしをしている場合、実態としては親（母親）が家事をしていることが多いと思われるが、親と子の家計が必ずしも同一ではなく、母親が事実上家事を負担しているだけであれば、本来、子は自立して生計を立てるべきであるから、母親が交通事故で受傷したとしても主婦休損を認める必要はないと考えられる。ただし、【事例番号７】のように子に障害があるなどの事情があるときは主婦休損が認められるべきであろう。子が親のために家事を負担しているとして主婦休損が請求される事例については、そもそもそのような親のための家事負担の実態が認められないことが多く【事例番号８・１４・１５など】、仮に子が事実上の家事負担をしていても、親も自ら家事ができる以上は主婦休損を認める必要はない。もっとも、親が高齢で健康状態が悪く、子が看護・

ける家事負担者が交通事故で受傷したとしても、当然に主婦休損が観念できるわけではないし、主婦休損が認められる場合でも未成年の子がいる世帯と同程度の損害が認められるべきではないと思われる。

①専業主婦・兼業主婦世帯（夫が有職で妻が無職又はパート勤務程度　の就労しかしていない世帯）

専業主婦・兼業主婦世帯では、主に妻が家事負担をしているのが実態であると考えられ、従前、このような世帯については主婦休損が認められてきたが、夫も「自らの分の家事程度は自らできる」という前提に立てば主婦休損を認めないことは十分に考えられる。他方で、妻が家事負担をできないときには夫に事故がなければなかったはずの負担が生じ、従前どおりの就労状況を維持しようとするために一定の家計支出等を余儀なくされることも考えられるため、一応、主婦休損を認めてよいと考えられるが、夫が自らの分の家事を全くできないわけではなく、認める場合でも基礎収入は低く設定するのが妥当であろう。

②夫婦共働き世帯【事例番号３・４・２０】

子供がいない夫婦共働きの世帯（夫婦の就労状況に大差がない世帯）では、妻が家事をするのが当たり前なのではなく、特に比較的若年の夫婦であれば家事を分担しているのが通常であろうし、妻が家事をする（夫は家事をしない）という想定を所与のものとするのは社会的な意識の変化に沿わないと考えられる。このような世帯は、夫婦それぞれが就労しつつ自らのための家事負担もしている世帯であると捉えるのが妥当と思われ、主婦休損を観念する必要はないと考えられる。なお、【事例番号３・４】のように妻の収入が平均賃金に満たないか夫より相対的に収入が低い場合、妻が兼業主婦であるとして主婦休損が請求される例が多くあるが、収入の多寡を問わずフルタイム勤務である以上は兼業主婦という評認めるにしても、完全共働き世帯では、専業主婦・兼業主婦世帯との比較において家事・育児に割り当てていた時間自体が少ないこと、夫婦ともに家事・育児を行っていて負担が分散されていると考えられることなどから、女性平均賃金を基礎収入とするのは妥当でないと思われるし、子の年齢によって基礎収入に差を設けることも必要ではないかと思われる。また、主婦休損の積極損害的側面を捉えれば、「基礎収入×休業期間」といった方法ではなく、入通院付添費（日額6000円、3000円など）のように定額の損害を認める方法もあり得るだろう。なお、完全共働き世帯の主婦休損をこのような考え方で捉える場合、妻だけではなく夫にも主夫休損が観念できることになる。

以上のような考え方に立つと、【事例番号２・１７】のいずれについても主婦休損を認めてよいと考えられる。ただし、【事例番号１７】は、家事代行サービスを利用して家事を代替する支出が実額として把握できる事例であるから、必要かつ相当な範囲で家事代行サービス料金の実額を損害として認めるべきだろう。

(2) 成人のみの世帯について

【事例番号３・４・１０・２０】

：夫婦のみ

【事例番号１・５・７～９・１１～１６・１８】

：親（夫婦）と成年の子等

成人のみの世帯に共通するのは、未成年者とは異なり、成人であれば当然には「自分の分の家事ができない」とはいえない点である。性別役割分担の意識は低くなりつつあるし、多種多様な家電製品も普及している現在において男性だから家事をできないとはいえない。そのため、世帯内にお

4　考察

別紙の事例は、当職が大阪地方裁判所第１５民事部に在職中、同部に係属した事件において主婦休損が請求された実例である。

(1) 子供（未成年）がいる夫婦共働き世帯について

【事例番号：２・６・１７】

未成年の子がいる夫婦共働きの世帯では、夫婦が就労しつつ家事育　児を行い、子供の年齢が低ければ低いほど世帯における家事・育児の負担は大きいと考えられる。また、未成年者は親の親権に服して親が監護義務を負い（民法８２０条）、未成年者に対して親が提供する家事労働は監護義務の一部である。そのため、親の家事提供に支障が生じた場合、その提供を受けていた「他人」である未成年者が自らの分の家事を行うべきとはいえない。したがって、このような世帯で家事を担う者が交通事故で受傷した場合、主婦休損が観念できる。問題は【事例番号２・１７】のように、未成年の子がいる状態で夫婦ともに正規雇用でフルタイム勤務をしている世帯（完全共働き世帯）であり、このような世帯については、当然に妻や夫を「兼業主婦（主夫）」であるとはせず、給与収入等の減収があればその減収額だけを休業損害として認め、減収がなかったときには休業損害自体を認めない（被害者が夫である場合を中心にそもそも請求自体がない）ことが多かったと思われる。主婦休損が認められる根拠が家事を代替するための支出増加の点にあるならば、給与収入の減収（純然たる消極損害）のみを休業損害として把握するだけでは損害の填補として必ずしも十分ではないと考えられる。そのため、完全共働き世帯の家事負担者が受傷して家事に支障が生じた場合には、給与収入等に減収がない場合でも家事労働者としての主婦休損を認め、減収があるときは減収額に加えて主婦休損も認めることがあり得るのではないかと思われる。ただし、そのような主婦休損を

ウ　理想・予定・希望（男性）のライフコース[3]

①専業主婦コース（結婚出産を機会に退職し、その後は仕事を持たない）

女性（理想）

第９回：３３．６％　第１５回：１８．２％　第１６回：１３．８％

女性（予定）

第９回：２３．９％　第１５回：７．５％　第１６回：３．６％

男性（希望）

第９回：３７．９％　第１５回：１０．１％　第１６回：６．８％

②再就職コース（結婚出産を機会に退職し、子育て後に再就職）

女性（理想）

第９回：３１．１％　第１５回：３４．６％　第１６回：２６．１％

女性（予定）

第９回：４２．２％　第１５回：３１．９％　第１６回：２２．７％

男性（希望）

第９回：３８．３％　第１５回：３７．４％　第１６回：２９．０％

③両立コース（結婚し子供を持つが、仕事も一生続ける）

女性（理想）

第９回：１８．５％　第１５回：３２．３％　第１６回：３４．０％

女性（予定）

第９回：１５．３％　第１５回：２８．２％　第１６回：２８．２％

男性（希望）

第９回：１０．５％　第１５回：３３．９％　第１６回：３９．４％

---

[3] 出生動向基本調査より。第９回（１９８７年）、第１５回（２０１５年）、第１６回（２０２１年）の調査結果を記載した。

Ｉ－２－４図　女性の年齢階級別労働力率の推移

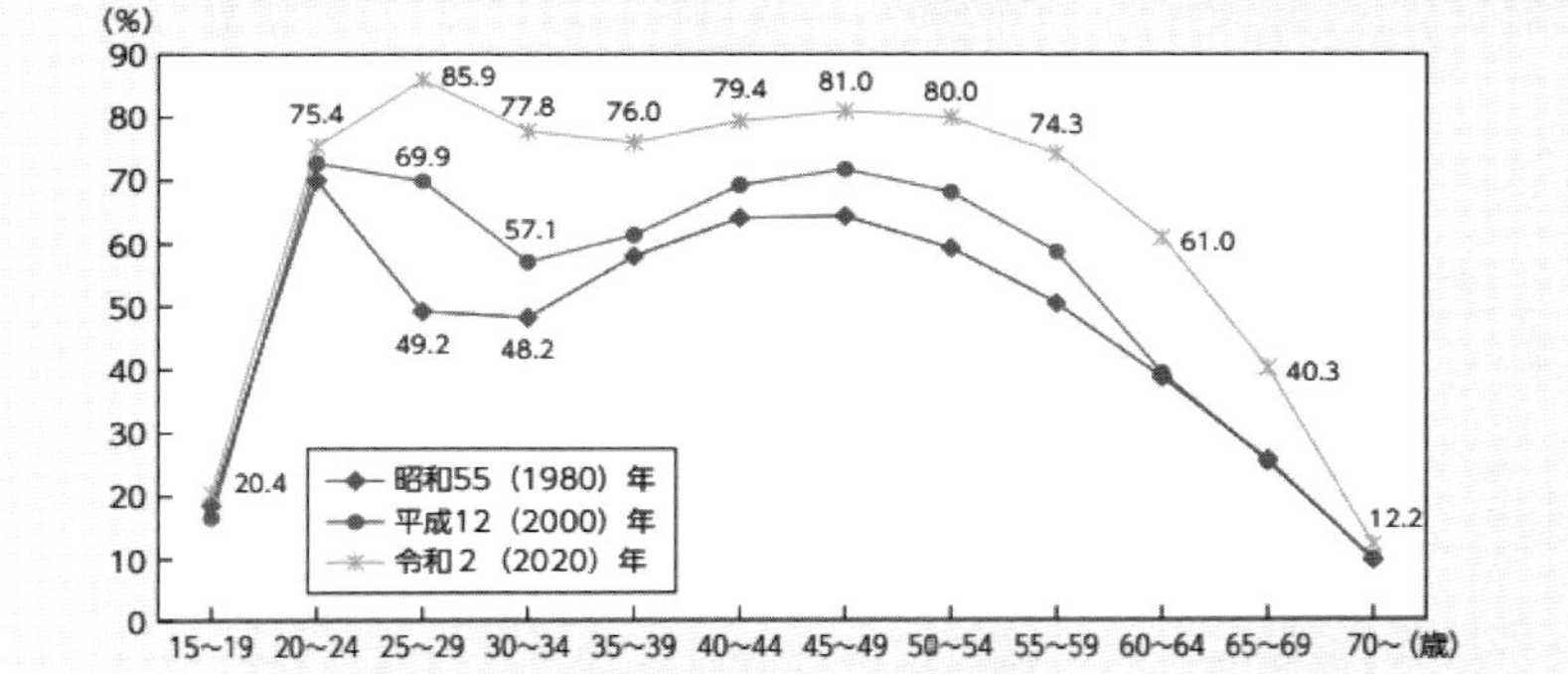

（備考）１．総務省「労働力調査（基本集計）」より作成。
２．労働力率は，「労働力人口（就業者＋完全失業者）」／「15歳以上人口」×100。

イ　共働き世帯数の推移等

Ｉ－３－３図　共働き等世帯数の推移

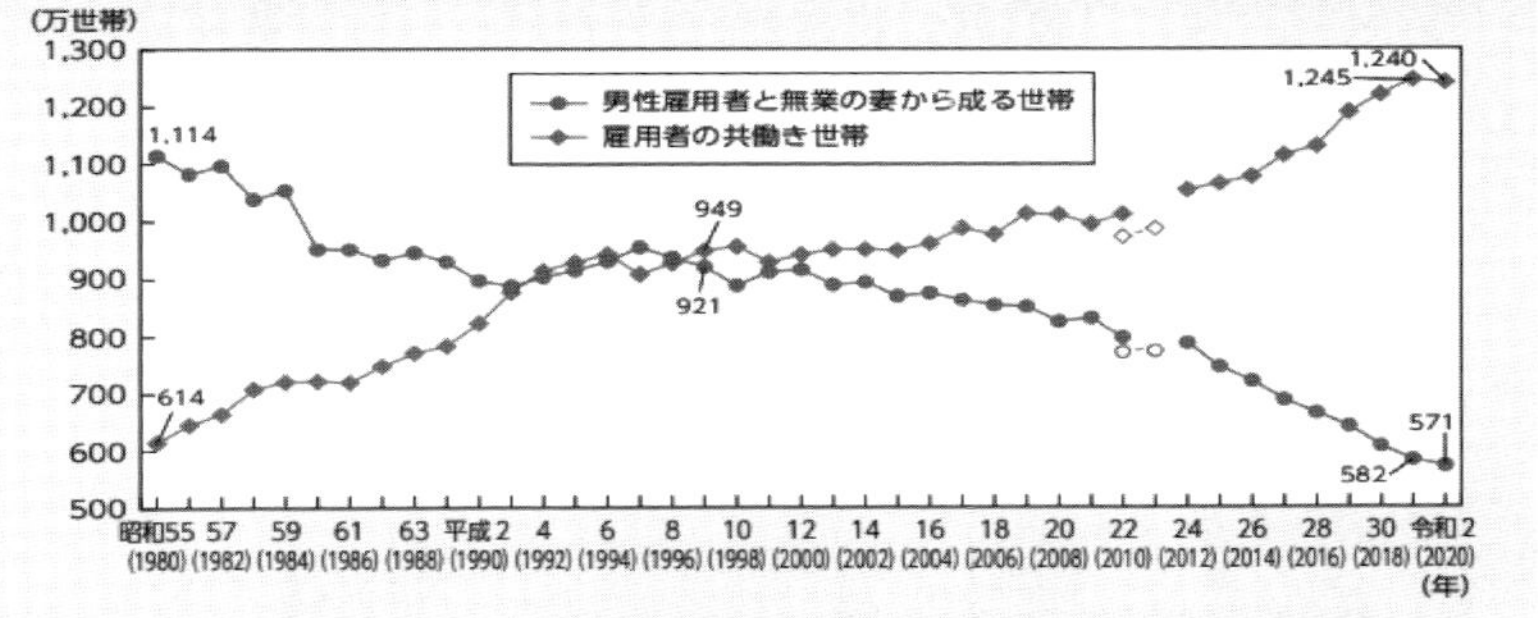

（備考）１．昭和55年から平成13年までは総務庁「労働力調査特別調査」（各年２月。ただし，昭和55年から57年は各年３月），平成14年以降は総務省「労働力調査(詳細集計)」より作成。「労働力調査特別調査」と「労働力調査（詳細集計)」とでは，調査方法，調査月等が相違することから，時系列比較には注意を要する。
２．「男性雇用者と無業の妻から成る世帯」とは，平成29年までは，夫が非農林業雇用者で，妻が非就業者（非労働力人口及び完全失業者）の世帯。平成30年以降は，就業状態の分類区分の変更に伴い，夫が非農林業雇用者で，妻が非就業者（非労働力人口及び失業者）の世帯。
３．「雇用者の共働き世帯」とは，夫婦共に非農林業雇用者（非正規の職員・従業員を含む）の世帯。
４．平成22年及び23年の値（白抜き表示）は，岩手県，宮城県及び福島県を除く全国の結果。

①　「賛成」・「どちらかといえば賛成」の割合

昭和５４年　女性：７０．１％　男性：７５．１％

平成４年　　女性：５５．６％　男性：６５．７％

令和元年　　女性：３１．１％　男性：３９．４％

②　「反対」・「どちらかといえば反対」の割合

昭和５４年　女性：２２．８％　男性：１７．４％

平成４年　　女性：３８．３％　男性：２８．６％

令和元年　　女性：６３．４％　男性：５５．６％

(2) 女性の就業率と共働き世帯の割合等

ア　女性の就業率と労働力率の推移

Ｉ－２－１図　就業者数及び就業率の推移

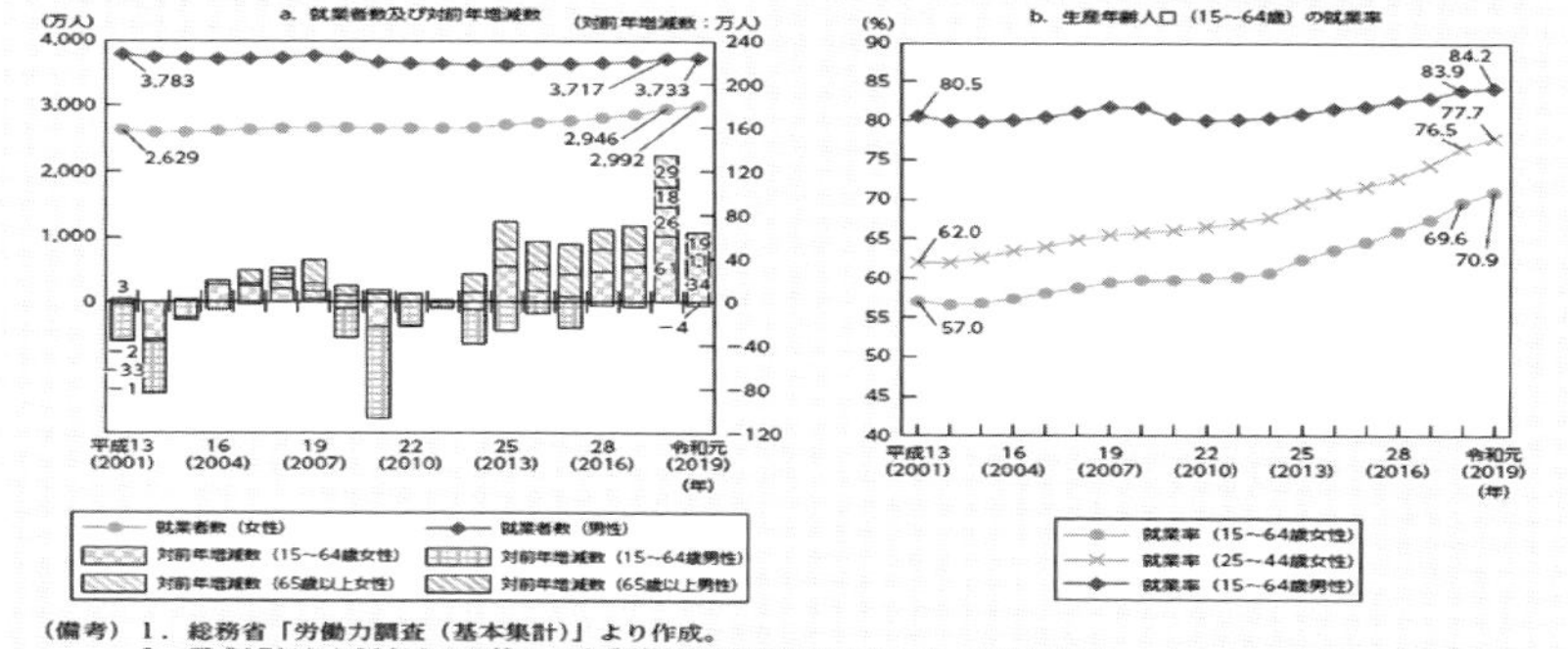

（備考）１．総務省「労働力調査（基本集計）」より作成。
２．平成17年から28年までの値は，時系列接続用数値を用いている（比率を除く）。
３．就業者数及び就業率の平成23年値は，総務省が補完的に推計した値。

の損害を認める余地があるように思われるし、その逆に、当該被害者が家事を提供している「他人」がいても、その家事を代替する支出が生じるとはいえないとき、具体的にはその「他人」が自らの分の家事は自ら行えるときには、必ずしも家事従事者としての休業損害は認められない（認める必要はない）のではないかと思われる。

3　世帯の実情等に関する社会情勢の変化[2]

(1)　女性の就労や性別役割分担に関する意識の変化

【女性が職業を持つことに対する意識の変化】

①　「女性は職業をもたない方がよい」～「子供ができるまでは職業をもつ方がよい」（少なくとも子供ができた場合には女性は家庭に入る方がよい）の割合

平成４年　女性：２４．７％　男性：３５．６％

令和元年　女性：１３．６％　男性：１７．０％

②　①＋「子供が大きくなったら再び職業をもつ方がよい」（少なくとも子供ができた場合には女性は家庭に入り、子育てがひと段落するまでは家事育児を行う方がよい）の割合

平成４年　女性：７０．１％　男性：７４．８％

令和元年　女性：３３．３％　男性：３８．１％

③　「子供ができても、ずっと職業を続ける方がよい」の割合

平成４年　女性：２６．３％　男性：１９．８％

令和元年　女性：６３．７％　男性：５８．０％

【夫は外で働き、妻は家庭を守るべきであるという考え方（性別役割分担）に関する意識の変化】

---

[2] この項の図表や統計は、特記しない限り、内閣府男女共同参画局「令和３年版・男女共同参画白書」から抜粋・引用したものである。

①逸失利益説（修正差額説）
②労働能力喪失説
2　非財産的損害説（慰謝料説）

昭和49年最判は、逸失利益説を採用したものと解されており、所得の減少という形で客観的に把握できる財産の減少（差額）はないにしても、妻の家事労働により家計支出が節減されていること等から、家計支出の増加としての差額を観念できるものとして差額説の考え方を維持しつつ、家事労働者の逸失利益（家計支出の増加という点に着目すると、損害の性質としては消極損害ではなく積極損害の性質を帯びるのではないかと思われる。）を肯定したものと考えられる。

ところで、家事を「労働」として評価できるのは、あくまで「他人」のために家事を提供している場合であり、例えば、単身者が交通事故で受傷して自らのための家事に支障や制約が生じても休業損害や逸失利益は認められていない。単身者が自らの分の家事に支障が生じることで支出が増加するといったことはあり得るが、その点は慰謝料（家事を含めた日常生活を営む上で、受傷や後遺障害による肉体的・精神的苦痛を伴うことについての金銭的賠償）として評価されているとみるべきであろう。

そうすると、家事従事者としての休業損害を観念できるのは、①交通事故被害者が世帯内の「他人」のために家事労働を提供している実態があり、②当該被害者が家事労働を十全に提供できなければ、それを代替するために家計支出の増加が生じる（生じ得る）場合であると考えられるのではないだろうか。

このような考え方に立つと、当該被害者に十分な給与収入等があるとしても、世帯内に当該被害者が家事を提供している「他人」がいて、これを代替するために支出を余儀なくされるのであれば、家事労働部分について現在、夫婦共働き世帯の割合は増加していて、夫婦それぞれがフルタイムで就労しつつ児童を養育している世帯も多くある。そのような世帯については、従前、交通事故で夫又は妻が受傷して家事・育児に支障を来しても家事労働者としての休業損害が当然には認められてこなかった一方で、夫婦のみの世帯で妻がパート勤務や無職であり、その妻が交通事故で受傷したときには夫が自らの分の家事を担えるかどうかを特に問うことなく、類型的に休業損害を認めてきたが、夫婦共働きの世帯でも家事・育児の負担はあり、特に子育て世帯であれば共働きではない夫婦のみの世帯と比較してその負担は大きいのではないかと思われる。

夫婦の一方の就労の有無や収入の多寡を基準として家事労働の制限に係る財産的損害（休業損害）の有無を判断する従前の実務上の取り扱いは、ときに損害の実態（受傷により家事・育児に対して生じる実際の支障の程度）と齟齬し、不公平ではないかと感じることが多くある。

交通事故被害者の受傷による家事の制限につき財産的損害（休業損害）を観念するかどうか、どのように財産的評価をするかという点については、いわゆる主婦休損が認められる理論的根拠を踏まえ、現在の社会実態に即して改めて検討する必要があると思われる。

2　主婦休損の理論的根拠について

昭和４９年最判以前において、家事従事者に休業損害等の消極損害を認めるか否か、認める場合の理論的根拠については、概ね、以下のような学説・裁判例の状況にあった。

Ⅰ　消極説（家事従事者の消極損害を否定・純差額説）
Ⅱ　肯定説
１　財産的損害説

民事交通事故訴訟損害賠償額算定基準（赤い本）・上巻（2022年版95頁）

「賃金センサス第１巻第１表の産業計，企業規模計，学歴計，女性労働者の全年齢平均の賃金額を基礎として，受傷のため家事労働に従事できなかった期間につき認められる。パートタイマー，内職等の兼業主婦については，現実の収入額と女性労働者の平均賃金額のいずれか高い方を基礎として算出する。」

昭和５０年最判が引用する昭和４９年最判は、年少女子（７歳）の死亡事例において「家事労働に属する多くの労働は、労働社会において金銭的に評価されうるものであり、これを他人に依頼すれば当然相当の対価を支払わなければならないのであるから、妻は、自ら家事労働に従事することにより、財産上の利益を挙げているのである。（中略）のみならず、法律上も、妻の家計支出の節減によって蓄積された財産は、離婚の際の財産分与又は夫の死亡の際の相続によって、妻に還元されるのである。」として、平均初婚年齢（２５歳）に達した時点で婚姻して離職するという仮定の下、その時点までしか死亡逸失利益を認めなかった原判決を破棄し、平均的労働不能年齢までの死亡逸失利益を認めたものであるが、同判決は、女性は婚姻した後は家庭に入って家事に従事（専従）するものであること、裏を返せば、男性（夫）は外で働き、家事・育児は行わないものであるという性別役割分担を暗にしても前提にしていると考えられる。

しかし、我が国では、平成１１年に男女共同参画社会基本法が施行され、男女共同参画社会の形成に向け、男性（夫）も家事・育児に積極的に関わることを促す様々な施策が行われており、実際、昭和４９年当時と約５０年が経過した現在とでは、世帯の実情や性別役割分担に関する意識が大きく変化し、少なくとも「夫は外で働き、妻は家庭を守るべきである」といった考え方は社会的コンセンサスが得られるものではなくなりつつある。

シンポジウム第４報告

岡山地方裁判所判事　溝口　優

社会情勢の変化等を踏まえた主婦休損についての考察

１　はじめに

交通事故による休業損害は、一般的に事故（受傷）による現実の減収があった場合にその減収額について認められている。休業損害は、事故（受傷）による休業がなかった場合に得られたであろう収入と現実の収入との差額を損害として把握するもので（差額説）、休業損害や後遺障害逸失利益といった消極損害について、一般的に差額（所得の喪失）を損害として把握するべきことは判例上も確立しており[1]、特段の異論はないであろうと思われる。家事労働者については、最判昭和５０年７月８日〔最集民１１５号２５７頁〕【昭和５０年最判】において「妻の家事労働が、財産上の利益を生ずるものであり、これを金銭的に評価することが不可能といえないことは，当裁判所判例（昭和４９年７月１９日第二小法廷判決・民集２８巻５号８７２頁）【昭和４９年最判】の示すとおりである。これと同旨の見解に立つて、被上告人が本件事故による負傷のため家事労働に従事することができなかつた期間について財産上の損害を被つたものとした原審の判断は、正当として是認することができ」るとして現実の減収がなくとも休業損害が認められており、交通事故損害賠償の実務においては、一般的に家事労働者の休業損害が認められ、世帯内で家事を担当する者（主として女性）が交通事故被害者となった場合、広く家事労働者としての休業損害が請求されている。

【裁判実務上の基準】

---

1 後遺障害逸失利益について，最判昭和４２年１１月１０日〔民集２１巻９号２３５２頁〕、最判昭和５６年１２月２２日〔民集３５巻９号１３５０頁〕ほか

《討　論》

司会・奥田　シンポジウムの質疑応答を開始したいと思います。まず、大島先生に質問ということで、ＳＯＭＰＯダイレクト損害保険の三好さんから。質問内容としましては、大島先生が、男子平均賃金を使うということに関しまして、要は、企業が労働者に対して支払う総額というのは、一定枠があるから、そういう意味であれば、男子のほう減っているという前提で考えるべきで、そうなると男女平均は、将来予測としては正しいのではないかと、大体そんな趣旨でよろしいですかね、三好様。はい、では、先生ご回答を。

大島　ありがとうございます。どの統計を使うかは、なかなか難しいところがあるかと思います。年少女子につきまして、私は男性の賃金センサスを使うのがいいんじゃないかということを申し上げましたけれども、男性・女性とも男女を併せた平均賃金を使って男性の年収を下げて、女性を上げてというのが相当ではないかというのも有力な考え方としてあります。あとはどういう考え方を採るかという問題かなと思います。考え方の違いかなというう感じです。

三好亜寿紗（ＳＯＭＰＯダイレクト損害保険）　あえて、男性のほうをとられるという意味でいえば、日本経済がある程度経済的な成長、発展というものをベースにされているからこそなのかどうかというその辺の考える前提というのを伺えますかという趣旨もあります。

大島　ありがとうございます。日本経済の発展という観点から言われますと、ちょっと申し訳ないですけれど、考えていませんでした。日本経済の発展という観点も考慮に入れて、男性の賃金を使うという考え方も成り立つと思います。いずれにしましても、どういう考え方を採るかによる、考え方の違いかなという気はしますけれど。ありがとうございます。

司会・奥田　続きまして、徳島の森先生、ご質問いただきました。マイクを渡していただいて、ご質問いただいてよろしいですか。

森　晋介（弁護士）　こんにちは。ありがとうございます。溝口先生への質問です。レジュメ四、五頁目あたりなんですけれども、他人のための家事の提供を必須として、かつ、他人がいても、その家事を代替する支出が生じるかどうかというのが基準の中核だと思うんですけれども、こういう基準は、今日の他の先生の講義でも出てきました差額説具体的損害算定というのを、かなり徹底した考え方に親和性があるように私は感じたんですけれども、ここまで言いますと、実務上未成年子がいる家庭を含めましてほとんどのケースで主婦休損が理論的には認められるような帰結になってしまうのもあります。先生の基準ですと、未成年子がいれば肯定するという基準のようなんですけれども、これは先ほど述べられた考え方と基準の関係が少し分かりにくくなっているように感じました。

先生のご見解の全体において、家庭、家族のあり方の多様化ということに問題意識の根幹があるように思いました。これは非常によく分かるところです。

そういうことからしますと、他人のためか、自分のためかとか、家庭、家族がどういう構成かということに関わらず、各人それぞれに生ずる家事労働、これについてシンプルに家事従事に関する休損というのを認めていけば、非常に分かりやすくなるのではないかと思いました。

そこまでいくと慰謝料で考慮されているという話もあるかもしれませんけれども、ただ、これまで家事従事者の家事労働の対価が休損として認められてきた判例の理論からしますと、それは慰謝料には基本的には含まれていないという考えだと思いますので、シンプルにそういう事例について認めていくという方法で、もちろんそれは有職の場合も、収益との関係の調整というのはあるかと思うんですけれども、そう認めていけば分かりやすくなるのではないかと思います。意見以上です。

溝口　基本的に私が考えているのは、今ご指摘いただいたとおり、未成年子がいる、あるいは介護を要するような方がいる世帯であれば、損害を認めていくという方向でいいのではないかということです。実際問題、どんな支出が生じるのかというようなことを一個一個細かいことまで考えると、よく分からないことになりかねないと思いますが、基本的に未成年であれば、家事の提供を受けなければいけない立場にある人間がその世帯の中にいるのであれば、基本的には誰かがそれを代わりにやらなければいけない、あるいは誰かに頼まなければいけないといった意味で、そこに何かしらの支出はあるだろうというふうに考えてしまって、そういったところに関しては、抽象的に捉えていいだろう、そのような発想で考えているところです。

また、後者のご質問について、一律に家事の部分の損害を認めていくということも、私は理屈の上ではあり得ないではないと思っています。家事部分の損害は、家事労働者の休業損害という形で、消極損害に位置付けられて整理されていますけれども、私自身はどちらかというと実体としては積極損害に近いのではないかなと思います。

家事部分の損害が積極損害の形で請求される場合として、家事代行の費用などがありますが、家事をされている主婦の方が怪我をして入院したといったときに、実際に家事代行とかを頼んでいるようなことはほとんどないので、現実的には領収書が出てくる支出というのは多分ないのだろうと思います。ただ、実際には、今まで奥さんがやっていた、食事をつくっていた部分を外食にせざるを得なくて、そういった目に見えない支出というか、金額を積み重ねていくのが難しい支出というのは必ずあるのだろうというところをみれば、それは積極損害なのではないかと思います。そういったものを一個一個積み上げていくのは難しいので、そういう家事労働者としての損害を見なければいけないというところに関して、今まで、休業損害、消極損害といった形で見ていたと思いますが、積極損害という枠組みで見ていくということはあり得るのではないかと思います。

後者のご質問であったように、全員について家事部分の損害を認めていくということも、事故で怪我をして、実際に家事の部分、これは自分の分の家事の部分であっても、何かしらやっぱり支出は増えるのではないかという側面をみれば、そういったところに関しても、積極損害として認めるということは、方向性としてはあり得るのではないかとは思います。ただし、現状、自分の分の家事のところに関しては、家事も含めて日常生活をしていく中での精神的苦痛の部分を慰謝料という形で捉えるという整理をしているのではないかと思います。以上です。

司会・大塚　よろしいですか。

森　やはり各支出があるかどうか、あまり具体的に見ていくものではないというような話がありまして、そうだろうと思ったんですけれども、そうしますと、ちょっとご紹介いただいた事例にあったように七〇歳ぐらいの方と、四〇代くらいの方が同居していた家庭のような、こういうケースでも、別に認めてあげてもいいというか、それを制約して否定していくというのは、家族のあり方とかを固定化して制約したような考え方であって、そこまで類型化できるのかなと思いました。ありがとうございました。

司会・奥田　ありがとうございました。では、お願いいたします。

溝口　今回、世帯に未成年者がいるかどうかという枠組みでお話しさせていただきましたが、実際、家事労働者の休業損害という形で、今までの基準で認められてきたものをいきなり完全に否定するというのはなかなか難しいし、そこまでやらなければいけないというふうに必ずしも思っているわけではありません。差額説的なものを追求していくと、こういう形になりかねないですけれども、休業損害には、積極損害、労働能力の喪失という面が全くないわけではないので、そういったところまで否定するのかというと、そこまでいくのは難しいかもしれないとは思っています。今回の報告はかなり極端な話になっていると思いますが、家庭の中でどういう役割分担をしていて、実際の役割分担としては妻が家事をしていて夫が家事を全くやってこなかったという状態から、事故で妻が家事をできずに生活できなくなってしまったというときに、そこを全く損害として見ないのかというと、そこまでは厳しすぎる面があるかと思います。

また、今回お話しさせていただいた中で、主眼にしているのは、今まで共働き世帯の家事の部分というのは全く損害として見られてこなかった、この部分をもう少ししっかり見ていかなければいけないのではないかということで、この点は、むしろ被害者側に有利に働く話なのだろうと考えています。

司会・奥田　ありがとうございました。

続きまして、大島先生に対する質問です。城内明先生からのご質問です。全年齢、全労働者平均賃金に統一するのではなく、男子労働者平均賃金に統一する選択をされた件について、伺いたく存じます。男子労働者平均賃金は、ケア労働をイメージされている実態があるからだと思います。性別、役割分担の見直しにより、その現実が否定された以上、全労働者平均賃金のほうが妥当かと思いますが、いかがでしょうか。なお、将来的に男女の賃金が接近することを根拠に、女子について、男子労働者平均賃金を採用する場合（されて、近い将来、近接すると言えない以上）それまでの差額について、減額する判断をとらざるを得ないと思いますというご意見が付いています。大島先生お願いします。

大島　ご質問ありがとうございます。私は、女子を含めた全労働者につき、男子労働者の平均賃金を使うのが相当ではないかということを述べさせていただいたわけですが、全労働者の平均賃金を使うべきではないかというのは、一つの考え方として十分成り立つところで、どういう考え方を採るかということになろうかと思います。逸失利益は将来の話なので、なかなか分からないんですよね。もともと先ほど述べた裁判例（東京高判昭和四四年三月二八日）は、昭和四〇年当時の女性の平均勤務期間が四年ということで、したがって、逸失利益はその期間しか認めないというのもあったぐらいで、将来はどうなるか分からない。そうしますと、男女平等という規範的な要素をも考慮に入れれば、男子と同じになるという考え方も採ることができると思うんですよ。他方、そこまでいかないとしたら、男女とも全労働者の平均賃金とするという考え方ももちろん成り立つと思います。どういう考え方を採るかというところかなというふうに思うわけです。

司会・奥田　城内先生、補足で質問ありますか。

城内　明（摂南大学）　ありがとうございます。なぜ男子労働者平均賃金がふさわしいのかについて、先ほどの三好様に対するお答えの中で、考え方の違いとおっしゃっておられましたが、積極的に、なぜ、男子労働者平均賃金を基礎収益とすることが適切であるのか、先生のお考えを教えてください。

大島　男女平等という規範的要素を考慮に入れるべきと違うかなというのが私の考えとしてはあります。それは将来どうなるか分からないけれども、先ほどの障害者の話と同じで、小さい子どもは、別に優秀な子どもであっても、そうでない子どもであっても、みんな平等と考える。それを前提にして、男性労働者の平均賃金を使うか、全労働者の平均賃金を使うかという問題になる。男女とも全労働者の平均賃金を使うとなった場合に、男性の賃金を下げることになるのがどうかという問題があります。下げないとすると、女性労働者を男性の賃金に合わせるのが相当ということになる。将来のことなので全く分からないわけですから、減額とかではなく、男女平等の理念、規範的な要素になりますが、そういう理念も考慮すると、男性の賃金を使うのが相当じゃないかなと思うわけです。

城内　すみません、大島先生のご議論は、男女平等ということで、額を合わせるお話なのでしょうか。事実として、将来、女性の平均賃金が男性の平均賃金に近接することを前提としたお話なのであるとすれば、例えば、東京地判平成三一年三月二二日、吉村先生から紹介のあった障害児の判決ですけれども、あれは将来的に障害者でない者を上回る稼働能力を発揮する蓋然性があると認定しながら、ただ、それがいつになるか分からないということで、一九歳までの平均賃金でもって算定するという判断をしています。

これと同じ論理で、事実認定だということを前提とするなら、(今日の若林先生のご報告では、規範的判断とされているところですけれども、)現在、男女の平均賃金に格差がある以上、男子労働者の平均賃金に、将来的には達するとしても、それまでに例えば一五年かかるとすれば、一五年間の差額分については、減額しなければならないという論理が確かに出てきかねない。先生が、今後、女子労働者の平均賃金は上がっていくからということで男子労働者の平均賃金に合わせてしまうと、その論理では、減額の論理も一緒についてきてしまう気がします。先ほどの東京地裁の判断は、まさにそれだったように思います。

私も平等という規範的な観念を持ち込むことは、否定は全くしない、むしろ賛成の立場なんですけれども、その上で将来的に上がるからということを強調して、男子労働者の平均賃金で合わせるべきなんだと言ってしまうと、その減額の反論が来てしまう可能性がないでしょうか、現実的な問題として。むしろ、現実がどうかではなくて、規範的に、男子労働者の平均賃金を認める正当性はないと考えることはできないか。性別役割分担を否定する現在の考え方からすれば、男子労働者の平均賃金は、ケア労働はしなくてもいいから、働いてこいと言って、残業をバリバリして稼いだお金であって、いわば女性の犠牲の下に「底上げ」された賃金にほかなりません。そこを認める正当性はないのではないかという指摘です。

司会・奥田　先生からのそれに対するご回答ということで、ちょっと絡めまして、新美理事長からの質問、統計数値を活用することに賛成。しかし、どの数値を用いるかについては議論の余地があるということ。それから、損害保険ジャパンの佐々木崇様から、賃金センサスについて、実態に合わせるのであれば、平均である中間値を採用するべきではないか。採用すべき賃金センサスをどれにするかというところですね。それについて、重複になるかもしれませんが、お願いいたします。

大島　ありがとうございます。佐々木様からのご質問ですが、逸失利益は将来のことなので、どの統計数値を取っても、直ちに誤っているということにはならないと思います。中間値を採用するというのも考え方としては、十分に成り立つ。要は、どの立場に立つかという問題ではないかと思います。新美先生から、賃金センサスには無職者が入っていないので、就業率を平均賃金に乗じるのが統計的に好ましいのではないかというご指摘をいただいています。ごもっともだと思いますが、賃金センサスについては、細かく分析とかしないいんじゃないかなと思っていまして、男女合計、男性、女性のどれを使いますかという程度のことで、判断しているのではないかと思っています。

新美育文（明治大学）　男女の賃金格差というんですけれども、これ、職種構成が全く一緒だったら格差をどうしたらいいかという問題が出てくるのですが、その辺の検証をしないままですと、統計の数値の使い方としては極めて雑といわざるをえません。それで、正確に将来を予測するとか、できるだけ将来に沿った判断をするというのは全くナンセンスじゃないかと思うので、この辺をあっさり割り切って、議論を片づけざるを得ないのではないかと思います。平均賃金を使うのは、先ほど言っているように、平均賃金は在職者だけの賃金構成になっていますから、就職しない人もいる、特に吉村先生が示されたように、就業率は、女性が七〇数パーセント、男性は八〇数パーセント、これは意識的に就職しない人もいるわけです。そういう数値を使うときにここはここまでの意味があった上で、ここは割り切ったということをきちんとやらないと、議論そのものが空疎になってしまうのではないか。割り切るなら割り切るということをはっきり言わないとまずいんじゃないかと思ってこういう質問をした次第です。ありがとうございました。

司会・奥田　ありがとうございました。

司会・大塚　では、若林先生に対してのご質問のほうに移りたいと思います。新美先生のご質問から入りたいと思いますけれども、「最小限損害というのは、後遺症慰謝料、または死亡慰謝料によって賠償されるとも言える。逸失利益にもその機能を営ませる理由づけをどう考えるか」というのが第一のご質問です。

第二に、「権利保障といいますが、例えば一〇〇歳を超える病弱な高齢者と三〇代の頑健な壮年者とで、生命という権利について区別はしないのか。するならば、何を基準とするのか」というご質問です。若林先生お願いします。

若林　ありがとうございます。まず、二点目についてですが、一〇〇歳と三〇歳とで区別されないのか、この点も平等原則にかかるのか、というご質問かと思います。この点について、現状では区別している、ということになるかと思います。抽象的算定の利用は、共同宣言でもそうでしたが、一定の類型に限定しています。その意味で、現在の実務は、年齢という観点では、年少者や若年者のところにその利用を限定しています。もちろん、これをどこまで拡張するのか、ということは、ご指摘のとおり、もちろん問題となりうるかと思います。社会的なコンセンサスがどこまで得られるか、ということになるのかもしれません。

もう一つのご質問である共通価値の問題を、なぜ慰謝料ではなくて、逸失利益で考えるのか、というご質問についてですが、現在の実務においても、すでに現実の収入のない年少者等について抽象的損害計算においてこれを認めていますので、それと同じと考えています。

司会・大塚　新美先生、何かコメントがございましたらどうぞ。

新美　そもそも共通価値というのがよく分からない。何が共通価値ですか。それをはっきりしないまま、これは共通価値なんだという抽象的な算定ができるんですか。

若林　ありがとうございます。人身損害における共通価値の内実とは何か、という問題も、検討しなければならないとも思います。ご質問の趣旨は、おそらく年少者等の逸失利益に仮託して損害算定する場合、その逸失利益という損害の実体は何なのか、これを明らかにせよ、という意味で、重要なご指摘をいただいたものと思います。逸失利益の実体としては、もともとは現実の収入の喪失を出発点としているわけですが、収入の喪失を問えない場合にも、労働能力の喪失であるとか、あるいは近時の判例の展開を踏まえれば、その実体は収益可能性へと展開していることが、実務や学説でも指摘されているところです。こういった収益可能性というのが、ここでの共通価値と言えるかと思います。もっともこれは、本質的には生命・身体という法益侵害の結果であることを考えれば、ここでの収益可能性というのは、とりわけ年少者や若年者の場合には、人間の発展可能性といった観点から捉えられるものと考えています。その際、収益可能性は、労働能力のみに紐付けられるものでもないとも考えています。実際、社会の収益構造自体が変化することもあります。例えば、一昔前には、YouTube で子どもが広告収入を得るということも考えられませんでしたし、同様に、障害の有無にかかわらず、様々な形で収益を得るという可能性は社会の様々な変化とともに広がっています。

これまでの損害賠償法や損害論の展開等をみたとき、逸失利益も含めて、被害者に生じた不利益をどのように賠償対象となる損害として取り込むのか、新たな損害を発見して、それを規範的に認めて拡大してきたのか、といった歴史をみたとき、さらには我々の社会が人間そのものの価値をより重視し、尊重していくという流れの中にあるとみて、人身損害の算定を考えるならば、ここでの収益可能性というものを広く理解し、とくに一定の若い年齢層については、それを積極的に規範的な評価をしていくこと、それを共通の価値とみることはありうるのではないかと考えます。以上です。

司会・大塚　はい、どうぞ、新美先生。

新美　それは慰謝料額を増やせということとは違いますか？

若林　これまでも実務では、逸失利益の算定という賠償構造で行ってきた実績がありますし、昭和三九年の判決にあるように、人身損害の的確な算定は事柄の性質上できない、しかし、より適正な金額を算出するために逸失利益という算定項目に仮託して、有職者でない被害者についても慰謝料だけというのとは異なる方法で、つまり逸失利益の算定を加えることで、より合理的な損害額を引き出すということかと考えます。

新美　いや、だから、それは合理的でないとおっしゃるんだから、合理的な方法が見つかっていないわけでしょう。だから、それを慰謝料だと言ったところで。

若林　ご指摘のように、その金額を慰謝料として構成することは可能だと思います。そもそも死亡の場合に相続説を採ること自体が必須ではありませんし、その場合に、損害固有説を採って、慰謝料でやれば、現在の実務が抱えているような男女や障害の有無による収入格差等は問題にもなりません。実際、性差や障害の有無によって慰謝料が変わるということは、一般的には考えにくいことだと思います。ただ、そのときに数額、金額の水準をどのような形で維持するのか。逸失利益という算定項目に仮託して、これを算定してきたのは、そのような側面もあったようにも思いますから、それを維持しつつ、慰謝料でということはあり得ることだとは思います。

新美　そうすると結局は裁判官の裁量でやりましょうということに帰着することになる。

若林　ご指摘のように、慰謝料で、となった場合には、裁判官の裁量とはなりますが、逸失利益に代わるものとして認める場合には、一定、裁判官の裁量の範囲は、実体的に拘束されるとも言えないでしょうか。

新美　慰謝料は拘束されない。

若林　そこは従来の算定基準との関係で、積極的な評価を裁判官の判断には期待したいと思います。ご質問、ありがとうございました。

司会・大塚　ありがとうございました。慰謝料だけというよりは、より理論的な議論がされたいということだと思いますが、城内先生のご質問に関連していると思いますので、そちらに移ります。若林先生に対して、「帰属正義の観点から共通価値の保障が重視されることはそのとおりだと思います。問題はなぜその共通価値を収益可能性算定項目である逸失利益として保障しなければならないかです。その価値が収益可能性とは無関係であり、少なくとも収益可能性によって人の価値をはかることはできないとすれば、あえて逸失利益という財産的損害項目において、共通価値の賠償を求めることは適切でないと思います。人損の場合、主要価値の賠償項目である逸失利益と別に、非財産的損害賠償が認められていることは承知していますが、理論的にも逸失利益として共通価値賠償を求めることを正しい方向とお考えになるのでしょうか」というご質問です。若林先生お願いします。

若林　新美先生からのご質問と共通する部分については、先ほど申し上げたとおりです。城内先生の問題提起ですと、現在、抽象的損害算定によって認められている年少者の逸失利益そのものを否定することにならないのか、そのような疑問を感じるところです。

司会・大塚　城内先生、どうぞ、補足してください。

城内　昭和三〇年代、最高裁も吉村先生がご紹介になった最判昭和三七年五月四日では、逸失利益の算定を否定をしていたこと。これに対し、最判昭和三九年六月二四日が、いやいや、それは算定を認めるべきなのだ、控え目な算定により、できうるかぎり蓋然性のある額を算定すべきなのだと言ったという経緯は存じていますし、三九年判決には、被害者救済において大きな意義があったと思っています。そこを否定するつもりは全くありません。

ただ、それは、裁判官の裁量に委ねられる慰謝料では、最低限どの額の損害が生じているかということが立証できないため、逸失利益という、ある意味分かりやすい、少なくともこの金額以上の損害が生じているんだということを立証しやすい損害項目に、若林先生のおっしゃる共通価値の賠償を含めて請求したに過ぎません。これは訴訟戦略としては分からないではないんですけれども、ただ、それは本当に逸失利益なのか、と疑問なのです。

多分、今、若林先生は、分かっていないなと思っていらっしゃるのだと思います。先生が先ほどおっしゃった、収益可能性が規範的に評価され、共通の価値になるということを、私は理解できていないのかもしれません。共通価値というのは、人の価値や、権利の価値について、規範的に考察し、権利侵害の場合に、最低限保障されるべき金額のことを、若林先生はおっしゃっているのかなと思って、私はそのように理解して以上の質問をしたのですが、もしかしてそこが違うのでしょうか。

司会・大塚　若林先生お願いしていいですか。

若林　人の価値と言いますか、生命や身体といった権利・法益が侵害された場合に、国家による権利保障という観点からみて、権利法益の侵害結果として、共通価値を最小損害として捉えていくという趣旨です。たしかに、元々、人身損害における逸失利益は、収入の喪失であって、それを具体的に損害算定してきたわけですが、報告の中で述べたような判例の展開等を踏まえれば、現在の実務では、一定の類型においては、抽象的損害計算をもってそれを認めることが定着しています。このような一定の類型、被害者が属する集団では、単なる証明の緩和というものを超えて、法秩序が個人に割り当てた金銭的な価値を保障するという意味での発想の転換を認めることができるのではないか、また、このように具体的な個人に焦点をあてた具体的な損害計算を離れて、抽象的に損害計算された損害については、これを共通価値として認めることが、個人の権利保障につながるのではないか、と考えます。

城内　恐らく、抽象的な損害算定とは何かということなんだと思います。抽象的損害算定というのは、事実認定の範囲ではあるのだと思います。抽象的損害算定とは、逸失利益としていくらの損害が発生したのか、それを算定するにあたって、具体的に何がいくら、何がいくらという金額を積み上げるという方法ではなくて、抽象的にそれを算定するという事実認定の方法論、算定方法なのではないでしょうか。だとすれば、恐らく裁判官の皆さんは、抽象的な算定をする、統計を使って算定をするといったときに、規範的にあるべき額、具体的に妥当な金額を出すために、抽象的な算定をしているということではないと思います。最終的に算出された金額が、具体的に妥当な金額でなければならないというのは意識されているにしても、基本的には、逸失利益という項目であれば、逸失利益の定義に沿って、フィクションではありますけれども、現在の枠組みの中で、こういうふうな理屈でこういう減額をすることになっている、何パーセント引くことになっている、と事案を処理し、その中で適切な額を出そうとしていらっしゃるんじゃないでしょうか。それを抽象的な算出をしているのだからといって、何してもいいとはならないような気がするのですが。

若林　抽象的損害計算をしているから規範的でいいという話をしているのではなく、抽象的損害計算が事実認定のもとに行われることもあると思います。たとえば、物損などの場合であれば、実際に中古車市場等に照らして、また現実の修理対応の可能性等については、市場価格や統計の利用等も可能かと思います。入院雑費等の積極損害を抽象的損害計算する場合にも同様に事実認定の問題として処理できると言えるように思います。しかしながら、人損の逸失利益の算定について、実際、蓋然性について事実認定を行えるのか、というと、確かに基礎収入については、何らかの統計を使っていますけれども、最終的に出てくる逸失利益の金額については、生活費控除等、何らかの統計から離れた調整が入ったうえで出てきます。年少女子について女子平均賃金を使えば、三〇％の生活費控除とし、全労働者平均を使えば四五％とするといった操作は、結局、年少男子と可能な限り同等の金額を認めるべきである、という規範的判断が働いているからではないでしょうか。このことは、昨年、先生も個別報告のところでご指摘されていたところかと思います。

したがって、抽象的損害計算は、全て規範的な、事実認定を介さないものだという話をしているのではありません。

城内　裁判所も、全労働者平均賃金を使うか、女子労働者の平均賃金を使うか、といったような話をするにあたっては、例えば平成一三年の東京高裁の二判決（東京高判平成一三年八月二〇日、東京高判平成一三年一〇月一六日）に見られるように、一応理屈をつけて、こうだから、この統計を使うんだということは明示しています。妥当な結論を導くために恣意的に使っているわけではなくて、後付けかもしれませんが、理屈をつけている。それが法解釈というものではないでしょうか。

若林　でも後付けなんですよね。率直なところ、実際に男女の逸失利益ということで言えば、例えば、事実認定、蓋然性の問題としても、両者が将来に平等になり得る、ということは言えるかもしれません。その反面、日本より一歩進んで男女平等の賃金格差が縮小してきたアメリカの例を見ると、行動経済学の研究によれば、大卒レベルのところでは、男女の賃金格差はむしろ広がっているということも指摘されています。そしてその要因には、ジェンダー規範があることが指摘され、この研究は昨年ノーベル経済学賞を受賞しています。妊娠・出産、あるいは介護等、家庭内でケアの対象ができたときに、女性であるパートナーの方が、家庭の外での労働量を減らす結果となっているという実態がなおあるからです。もっとも、このような知見に触れられたとしても、おそらく、これに依拠して、男女格差を肯定するような事実認定といいますか、判断を裁判官が行うことはないようにも思います。その意味でも、そこはやはり平等規範が作用していると考えられるのではないかと思います。

司会・大塚　逸失利益に関して蓋然性を探求していくのか、より規範的な評価のところを強めていくのかという違いだと思いますが、さらに城内先生がおっしゃりたいのは、いくら評価が入っても事実認定の軛からは離れないほうがいい、事実認定で説明できる範囲にとどめるべきだというご趣旨だと思いますけれども、若林先生は、むしろ評価、規範こそが大事だと思っていらっしゃるので、そこに食い違いが残っていることなのかと思います。溝口先生、どうぞ。

溝口　裁判所がどういうふうな発想で、普段、損害認定、逸失利益を考えているのかということと関連すると思いますので、実際、裁判官がどういう発想で考えているのかということをお話しさせていただこうと思います。

基本的に裁判所としては、逸失利益を基礎収入と労働能力喪失率と喪失期間を使って、そういうロジックで損害額を算定していく中で、若林先生が言われる共通価値というものを規範的に評価するという発想で認定をしているわけではない。実際、事故で死亡する、あるいは後遺障害を残すということになったときに、将来の話は分からないですけれど、そこには実際の事実上の損害、差額としての損害が出るはずであると。それはいくらになるか分からないけれども具体的な損害は発生していると、そのように考えていて、ただ、将来の話だから、将来この人はどれだけ稼げたのかとか、そういったことはもはや分からないけれども、あくまで具体的な損害は出てくるだろうという、その発想の中でそれをどういうふうに額として認定していくのが妥当であるかとか、相当なのかとか、そういう発想で逸失利益というのを見ています。

あくまで逸失利益という枠組みの中でやるのであれば、そこに共通価値だとか、男女平等という話はなかなか持ち込みづらいというのが、裁判官としての基本的な発想となるかと思います。

ただ、先ほど議論がありました男子の平均賃金を使うというのは、理屈は付けられるのだろうと思います。ただ、そこは共通価値として実現されるべき利益というものではなくて、やはり実務で損害認定をするならば、そういった計算をして損害額を認定することが、実際の損害としてこういうものが生じる蓋然性があるからだという説明が付けられるかどうか、説明が付くならばそれを使っていく、こういう発想に裁判官としてはなるだろうと思います。

その上で、例えば男子の平均賃金を使うという話になると、もともと平均賃金自体が、かなりフィクションで、結局、女性であっても男子の平均賃金の上をいく人もいれば、女性の平均賃金の下の人もいるし、男性であっても男子の平均賃金の上をいく人も、下をいく人もいるわけなので。年少者の方々は実際どうなるか、本当に分からないですよね。かつ、女性であっても、今の状況でいくと、結婚して家庭に入ってパートで働くとか、そういうパターンではなくて、普通に働いていくという方も、当然これから先もっともっと増えていく。そういう前提だと思います。

例えば、賃金センサスの女性平均というのは、現状でパートとかで働き、家事のために比較的労働を抑えて働いておられる、そういった方の賃金を含めた統計になっているかと思います。もし、男子の平均賃金を使うという話になると、男性は基本的にはそういうことで労働を抑えていく必要がなく、男子の平均賃金はそのような制約がない前提の賃金として構成されていると。そういう理解をするのであれば、年少の方の場合、女性であっても、この方はひょっとしたら主婦になるかもしれないけれど、フルタイムで働いていくかもしれない、その可能性としてどちらになっていくのかということはよく分からない。ただ、現在の男女平等というか、共同参画という話で、女性もフルタイムで働きながら、男女共同してやっていくのだという、こういう方向で社会が変わっていくという状況の中であれば、基本的には女性であっても、就業する頃には、現状の家事のために労働を抑えなければいけないという、そういう設定ではなくて、現在男性がそうであるように、制約がない形での賃金を得られる蓋然性があるじゃないかという、こういうような説明を付けるのであれば、年少者について男子の平均賃金を使っていくとしても、それはあり得ると思います。

そこは今の裁判実務とは違いますけれども、そういった考え方をしていくということは、あり得るだろうと思いました

司会・大塚　どうもありがとうございました。まだ質問、いろいろ議論の続くところだと思うのですが、城内先生の吉村先生に対してのご質問が、今の点と若干近いので取り上げさせていただきます。「吉村先生は、裁判による解決が、当事者に、さらには社会に広く受け止められるためには、適切なルールが設定される必要があると指摘されます。例えば、重度重複障害があり、将来的に障害を有しない労働者と同等の収入を得る蓋然性が認められない年少者について、この事実を考慮しないことと、逸失利益を算定するルールは矛盾しないのでしょうか。」そして、「包括請求として共通価値の賠償を求めることについては、一つの選択肢としてあり得るものと考えています」と、括弧して書いてあります。このようなご質問ですけれど、吉村先生、よろしいでしょうか。

吉村　直接お答えする前に、何点かについて、思っていることを最初に申し上げます。

人が亡くなったとき、あるいは怪我したときに、損害賠償をどうするか。若い頃に明治二〇年代ぐらいの裁判例を調べてみたんです。あの時期、意外と逸失利益の賠償というのは少ないんですね。皆無ではないですけれど、多くの損害費目は積極損害なんです。特に葬儀費、それから、法事の費用ですね、一周忌とか三回忌とか。そういう費目に対して賠償請求している事例がたくさんあるんです。逸失利益の賠償という考え方が一般化したのがいつ頃か分かりませんけれども、明治の前半期はそうでもないんですね。何が言いたいかというと、死亡事故の場合に、どのような賠償ルールを作っていくかを考えたときに、人が死んだことそのものが損害じゃなくて、逸失利益という損害があるんだという立て方、これは一つの理屈ですけれど、当初はその理屈が一般的ではなかった。その後そうでなくなってきて、逸失利益という考え方が一般化した。そうすると逸失利益というのは将来の話なので、

将来どういう収入を得たであろうかという問題が出てきました。加えて、いわゆる相続説なんですね。私が調べた限りで言うと、判例が相続説をとるのは昭和一〇年代頃からです。逸失利益賠償であり相続説だというときに、じゃあ年少者のように収入がない者が被害者の場合どうするかというのが当然出てくるわけですね。それが昭和三〇年から四〇年代の交通戦争の時代に、逸失利益の考え方からすると、賠償はないんじゃないかという議論が出てくる。しかし、いやいや、そんなことはないという話になって、昭和三九年と四九年の最高裁判決が出てくる。

これも三〇年前の交通法学会の報告で言ったんですけれども、人が死んだときの賠償においては、そもそもこれしかないという算定ルールというのは存在しないと思っているんですね。死亡という金銭評価不可能なものを金額として算定するという、本来できないことを無理にやっている。できないんだけれども、社会的に受け入れられるようなルールを何とかみんなで作ってきたというのが歴史だと思うんです。

何が言いたいかというと、そういうことを考えたときに、例えばこういう判決でこういうルールを立てたとか、こういう算定を取ってきたということについて、それを絶対視して、変えてはならないという考え方に立つべきではないと思うんですね。どういう事案について、どのような解決をすることを社会が求めており、その中で裁判官がどう考え、あるいは学者がどう議論してきたかという、そういう目で問題を見ていったらどうかという気がします。

そうすると障害児の問題についても、恐らく昭和四〇年代、五〇年代、あるいは平成のはじめ頃であれば、平均賃金を使って賠償額を算定するということがちょっと考えにくい時代だと思うんですよね。しかし、その後、そうではなくなってきた。こういうことになりますので、現時点で、おっしゃるようなことについて、社会全般が平均賃金の賠償を認めるかどうかについては、かなり難しい問題が残っていると思います。現に障害児の逸失利益の賠償を認めた青森の判決とかが出た直後は、当時ネットはあまりなかったようですけれども、ともかく誹謗中傷のようなものがたくさんあったそうです。したがって、城内さんがおっしゃられる重度重複障害有のケースについて、社会がそれを受け入れるかどうかということは、これは何とも言えません。言えませんが、法の下の平等とかそういうふうな価値理念に照らして、どういう方向をめざすべきかということについては、できるだけ柔軟に考えたほうがいいと思います。年寄の雑駁な議論で申し訳ないですけれども、私はそういうスタンスでこの問題を考えていたし、研究してきたつもりです。裁判官が、当該ケースにおいて、その時点でそれを社会がどう受け入れるかを考えることは否定しませんし、その努力は多としますけれども、できるだけ未来志向的に考え、従来の枠組みを大胆に変えていくことがあってもよいのではないでしょうか。

なお、従前の枠組みを変えるかどうかに関して、一番の問題は、相続説をどうするかです。私は理論的には相続否定説のほうが正しいと思っているんですが、相続説を覆すということは、多分実務的にはとれない。例えば、公害等のいわゆる集団訴訟で相続説に立たなかったときに、そもそも訴訟活動が成り立たないおそれがある。相続説だったら相続人であることを示せばいいわけですけれども、扶養侵害説だと扶養を受けていた（あるいは将来受ける立場にあった）かどうかが原告ごとに議論になり、原告数が多い集団訴訟の場合、大変なことになってしまう。そうすると、相続説を覆すというところまでは、現時点では、難しい。

　私は東京の事件で意見書を書いたのですが、実に軟弱な意見書でして、いろんなことを言って、最終的に幾つかの選択肢がある。一つは、相続説を変えることだ。それが難しいとすれば平均賃金を使って算定すべきである。あるいは、包括的慰謝料という考え方もある。それも取らないんだったら、せめて慰謝料で調整すべきである。そういうような軟弱な意見書を書いたんですけれども、そういう形で何とか議論を進めて行くべきだということなので、城内さんの考え方については評価はしていますけれども、私としてはもう少し射程の広い問題として考えたときに、やっぱり重度の障害があったとしても、それだけで賠償を否定したり低くすることはおかしいんじゃないかというふうに思っています。もちろん、それが社会に受容されるのはなかなか難しいことではありますが。

司会・大塚　城内先生、何か補足がありますか。

城内　多分、溝口先生がおっしゃってくださったように、私は、説明をつけてもらいたいんだと思うんです。私の裁判のイメージは、連載小説なんですね。同じルールがずっと続いているわけではない。ルールというのは動いていて、新たな変化、本当に革新的な変化が生まれているんですけれども、あたかも連載小説、続き小説のように、後付けであったとしても、それは従来のルールの嫡子なんだよ、ここをこう変えただけで、もとはここなんだよと説明をつけてくれるからこそ、法理論というのはちゃんと発展していくんだと思います。

　その意味で、従来の裁判例において、相続説を前提として営々と積み上げられてきた法理の延長線上にあるんだという説明は、ちょっと無理があってもしないと、多分、裁判官は受け入れてくれないのではないかという実感があるので、私は、何とかして説明をつけようと悪戦苦闘しています。吉村先生がおっしゃる通り、法の下の平等という観点から大きく柔軟に認めていくべきだというのは、もちろんそうですし、私も思っています。帰属正義の観点というのは、非常に大事だと思っていますので、そこに全く異論はありません。

司会・大塚　ありがとうございました。吉村先生、今の城内先生の質問に関連して一つ確認させていただきたいんですけれど、報告の八頁目に先生が書いておられる①と②については、先生の今のご説明ですと、②のほうに重点があるように思いましたが、城内先生がおっしゃっていたのは①のほうだと思われるのですけれど、吉村先生におかれては、この二つの関係はどういうことになるのでしょうか。どちらでもよいということなのでしょうか。

吉村　両方の選択肢があると思うんです、私は基本的に②の立場です。ただ、①、つまり現在の実務を前提にしたとしても、障害のない年少者については、その子どもの性格とか成績とか、そういうことを捨象してある種の抽象的損害計算をやっているのだから、障害児の問題もそれで対応できるのではないかと思います。また、当該の事件において、裁判官が見たときに、その子の障害が一体どういうものであったのか、能力は一体どうなのかということについても、具体的に見て行けば、①のような考え方というのは、決して無理な考え方ではないというケースもいっぱいあるんですよね。大阪のケースは典型的にそういうケースだと思うんですけれども。そういう意味ではどっちかと言われると②なんですけれども、①のような解決によって、全体として平等的な方向に規範的な判断が動くということについては、強く主張したい、こういうスタンスです。

司会・大塚　ありがとうございます。若林先生、吉村先生に対して、大阪経済大学の三木千穂先生のほうからご質問です。「両先生のお考えに基本的に賛成することを前提にうかがわせてください。本日のご報告の対象外かもしれませんが、福祉就労で賃金はかなり低いけれども、すでに就労している障害者の逸失利益はどう考えられますか。若林先生のご見解によれば、そのような場合にも抽象的損害計算、すなわち現在の平均賃金による算定を採用する可能性があるのではないかと思いましたが、いかがでしょうか。私はそのような方向性もあり得るのではと考えますが、そうすると健常者であっても収入が平均賃金以下である就労者との公平性も問題となり得ると思います」。若林先生、吉村先生、それぞれお願いします。

若林　ご質問ありがとうございます。現在、少なくとも年少者、さらには一定の若年者についても、抽象的損害計算を行うことについて実務上の合意があるとするならば、たとえ就労されている場合であっても、同様の年齢層、その類型に該当するのであれば、基礎にある収益可能性を規範的に捉えて、やはり同様の指標、すなわち現在ではいわゆる平均年収をもって算定することになるかと思います。

人身損害において抽象的損害計算を持ち込む際、その類型の作出それ自体が、平等原則の下に照らして説明できないような差別化、個別化は許されない、というのがここでも前提となります。

また報告の中でも申し上げましたけれども、私自身は、抽象的損害計算を行う対象をもう少し幅広く見てもいいのではないかとも思っていますので、ご質問はその点ともかかわってということだと思います。たしかに現在の実務の評価についても、抽象的損害計算が広く妥当するのは年少者に限るという実務家の方もおられるかもしれませんし、年少者といった場合でも、それを中学校卒業まで、さらには高校卒業まで、といった形で、だんだんと拡大してきてはいるような感じもします。私としては、もう少し年齢のあがった若年の労働者も含めて広く認められる可能性があって、その場合には実際に働いておられて、事故時には例えば、中卒・高卒で、あるいは大卒でも非正規等、非常に低い賃金であったとしても、その方の発展可能性を広く捉えて平均年収で抽象的損害算定を行うこともあり得ると考えています。そうすると、これもどこで線引きをするのか、という限界の問題はやはり避けられないとは思います。若年者の定義も時代に応じて変化してくることもあるでしょうし、三〇歳なのか、あるいは三五歳や四〇歳等、どう区別できるのかは難しい問題も孕んでいると思います。結局、ここで人身侵害における損害とは何か、共通価値を仮託する逸失利益の内容をどのように理解するか、さらには抽象的損害計算をとるときにどのような指標をとるのかということも含めて、どのような類型でそれを認めるのかという点については、社会的なコンセンサスが必要となってくる部分が出てくるのではないかとは考えています。もっともそこで作出された類型については、同時に、平等原則等の法規範に照らした検証がなされる必要があるとも考えています。

司会・大塚　吉村先生、お願いしてよろしいですか。

吉村　事故時点で働いている人をどうするかという点ですが、私自身は、基本的には先ほどお話しした①のように、淡路先生の評価段階説とほぼ一緒なので、したがって、年少であろうとなかろうと、平均賃金をベースとして認め、それを超えたものについては、別途の証明があれば賠償していくべきだと考えています。そういう意味で、平均賃金による算定が、それがいわば人としての最小限の価値だという考えで運用していいのではないかというふうに思っています。ただ、ここはなかなか多くの賛成は得られにくいかもしれません。しかし、少なくとも年少者については、障害を持った人の賃金が低いという実態があったとしても、平均賃金を認めるというほうにいくべきだと思っています。

司会・大塚　次に、山口斉昭先生からのご質問ですけれども、若林先生に対してですが、読み上げさせていただきます。「若林先生のお考えは、条約（障害者権利条約）の裁判官を直接拘束し、差別的判決は許されないということでよいか。その場合、就労可能性が極めて少ない障害者にも平均賃金を使うことになるか」ということですが、いかがでしょうか。

若林　ありがとうございます。これは、直接適用説か、あるいは間接適用説か、という趣旨なのかもしれませんが、いずれの場合にあっても、憲法九八条二項は、日本が批准した条約について尊重することを明記しています。したがって、憲法規範に照らして批准された条約についても、平等原則に照らして許されない差別化は、司法判断においても認められない、ということになるのではないでしょうか。このことから、抽象的損害計算において、被害者が属するグループの平均人について、類型化、差別化する場合には、条約や憲法に照らして許容できるかを検討することになるのだろうと思います。

平均賃金を使うことの妥当性についてですが、これはすでに昭和三九年の判決を踏まえて、控えめな損害算定を行うといったときに、裁判実務を通して、控えめな算定として平均賃金を使うということについてコンセンサスを得てきているということがありますし、ここでの共通価値、あるいは最小損害として、我々は平均賃金を選択したということにすぎないわけで、そうである以上、それが平等に適用されることになる、と考えます。

司会・大塚　続いて、山口先生からの質問で、「吉村先生は社会の変化に言及されているが、条約が裁判官を拘束するという考えを否定すべきというお考えですか」というご質問ですけれども、吉村先生いかがでしょうか。

吉村　私も論文にはいろいろ書いていますし、判決の中でも、障害者に対する条約であるとか法律が出ているんですよね。しかし、条約を適用したからこうなるという話ではなくて、賠償額算定をどうするかというのは、裁判官が自由に勝手にやっていい話ではないんですけれども、やはりそこで何らかの裁判官なりの規範意識のようなものがどうしても働くんですよね。そういうものの支えとして、条約なども重要ですけれども、それが直ちに何らかの法規範として裁判官を拘束するという、そういう考えには立っていません。そういう意味では、条約と裁判の関係というよりも、そういう条約を含めた法規範、法的ルール、さらには、社会的な規範意識がどうなってきたかということが、全体的な問題解決をするときのベースになると思います。

それは、何度も言いますけれども、やっぱり例えば秤で量るとかという話であれば、そんな言い方、主観的にできないんですけれども、そうじゃないという、やっぱり人身損害賠償における算定の基本的な特質というのがあって、そうすると、やっぱりその時々の社会状況を考えざるを得ないという意味で、そういう意味では直接効果説的な適用関係としては、条約の問題を、私は見ていません。

司会・大塚　どうもありがとうございました。次に、高野真人先生から若林先生に対するご質問です。「年少女性や障害児等の場合の逸失利益について、最低保障的な算定を行うという趣旨と思われます。現実に収入のある場合は、それによる損害算定を行うことと思いますが、そうすると最低保障的な算定をする場合の損害と、現実の収入額に基づく算定する損害とでは、損害の性質が違うように思われます。その点はどうお考えでしょうか。私の考えでは、並み以上に稼げたものを失ったという損害は、現実の経済的利益の損害と思われ、明確な立証が必要と思うのですが」というご質問です。若林先生お願いします。

高野真人（弁護士）　質問の趣旨は、若林先生の考え方は、結局、最低保障的な発想ではないのですか。障害児が将来働けるはずだと、安易に思えるかというと、なかなか厳しいものがあるのではないかと思われます。それでも、損害算定するというんじゃないんですか。

若林　最低保障とかそういう発想とはややずれるのかなという。

高野　いずれにしろ、具体的な将来を明確に意識して、そうなるだろうという前提で計算するわけではないですね。これまでの逸失利益としての算定方法であれば、そういう蓋然性があまり高くない計算をしてしまっていいんですかという反論が、多分会場からたくさん出てくるわけですね。私は、平均賃金で損害算定してもいいんじゃないかと思っているんですよ。

ただ、そうすると、平均賃金を超えて、例えば年収が一、八〇〇万円なので、それで逸失利益を計算してくださいという主張が出てきたときに、今の実務では大抵認めますよね。そうして認められる逸失利益なるものと、先生がおっしゃったように、障害者とかそういう労働能力に問題がある人たちに認められる逸失利益的な損害とは同じ損害なんでしょうか。

端的にお聞きしましょう。一、八〇〇万円稼いでいるといって、逸失利益を計算するときの損害というのは、何が損害になるかというと、やっぱりお金が稼げるはずだったということを損害と見ることですね。現実に多分稼げるだろうという、それを損害として見るのだろうと思います。そのような場合と稼働して収入を得るのは困難と思われる障害者に認める逸失利益とは性質が違うのではないですか。

若林　生命・身体法益の価値保障ということになりますが、逸失利益に仮託する以上、その共通価値としてみる内容は、人間の発展可能性を前提とした収益可能性ということになるように思います。

高野　そうすると、いわゆる障害児とかそういう場合の可能性と、可能性の程度というのはおかしいけれど、確率の程度は全然違うんじゃないですか。

若林　実際にいくら稼げるかという意味での可能性の問題ではなく、実務上、既に年少者のところでは、具体的な立証がなくても抽象的に平均賃金を認めていますし、これが控えめな損害算定の結果であるというコンセンサスがあるといえます。

高野　そうすると、平均賃金程度は稼げないのではないかという印象を持ってしまう場合でも、平均賃金が使えるんですか。

若林　そこは蓋然性の問題ではなく、抽象的損害計算を行うに際して、これまで平均賃金を用いることを合意してきたに過ぎないのであって、それを使って算定する類型の場合には、これまでの証明度の軽減という発想からは転換していただいて、むしろ同じ権利法益を侵害された場合の共通価値に対する権利保障という観点から、当該算定項目を理解することになりますので、そこは、そもそも発想が違うということにはなりますが、逸失利益という算定項目について、これを超える利益を得られることが証明できる場合には、具体的損害計算に基づいて、財産の損害であるところの逸失利益は当然に認められる、ということになります。

高野　そうすると、先生のおっしゃるのは、どのパターンでも財産的損害ということですか。

若林　現在においても、年少者の逸失利益は、財産的損害として構成しているわけですから、財産的損害となります。

高野　分かりました。私はそうはちょっと思えない感じがするものですから。

私は人間の存在そのものに対する金額評価の方向として逸失利益計算の手法をとるべきかどうかの問題になると考えているんですよ。基準で認められているような慰謝料については、逸失利益の計算方法では評価できない人間の存在価値分というか、その上積みを適当にやっておこうというそういうことかなと私は考えているんです。だから、損害をどう把握するかという意味では、先生のお考えとは違っているというのはよく分かりました。結構です。ありがとうございました。

司会・大塚　多分、若林先生の抽象的計算方法と平均賃金の、生活保障とか、権利保障というところに、やや定額説的な発想が入っているんじゃないかということを高野先生はおっしゃりたいと思われますが、そこは若林先生は否定されると思いますので、そこに食い違いがあるとうかがいました。ありがとうございました。

加藤新太郎先生からご質問です。「若林先生は、実体法的な議論のみならず、民訴法二四八条の趣旨、目的論を押さえて、議論を展開された結果、損害額算定（損害計算）に当たっては、当該損害に個人の尊厳の尊重・平等原則などを考慮することができることを明確にした報告であったと思います。質問は、第2報告レジュメの五頁目によると、『本報告は、抽象的損害計算を用いる淡路説、潮見説に依拠する。』と自認しておられますけれども、それらを超えた独自に成立しうる解釈論だと考えますが、いかがでしょうか。」

総合的なご質問だと思いますので、補足してください。

加藤新太郎（弁護士）　実は、民訴法二四八条をきちんと踏まえた上で実体法のこういう議論をした民法学者の論説は少ないように思います。若林説は正鵠を射ているように思いますけれども、疑問なのは、自説をほぼ淡路説と潮見説に依拠すると自己規定している点です。しかし、淡路説と潮見説は、若林説のように民訴法二四八条に言及してはいないでしょう。

若林　潮見先生は、幼児の逸失利益等の算定の問題は、実体法規範の問題と考えて、二四八条は適用されないとのことで考えておられます。

加藤　若林先生に民訴法二四八条の学説の整理をしていただいたように、証明度軽減説は、損害額の算定は事実認定であり、事実の証明だからエビデンスで立証するものだという考え方です。それに対して、裁量評価説はそうではなくて損害額の算定は評価であり、論拠をもって論証するものだという考え方です。その両説が対立している中で、民訴法二四八条の損害額の認定については証明度軽減的要素と裁量的評価要素とを観察することができるから両様に理解してよいというのが、折衷説なのですね。若林先生の見解も、先ほど来の質問に対して、事実認定だといいつつ、規範的観点を加えた抽象的損害額算定をするということですから、折衷説ではないですか。

若林　抽象的な損害計算を行う場面では事実認定の問題とは捉

えず、実体規範の問題として理解しています。

加藤　事実認定でないという立場であればそれまでですが、事実認定だといいながら、エビデンスで立証できていないことを無理やり算定するという姿勢に見えると、聞く者は不安を覚えます。それに対して、溝口地裁判事のように説明すれば問題ないのですが、いささか不正確な嫌いがあります。事実認定では損害額として算定することができないときには、いろいろ考えてやるということですが、これは事実立証ではないが、命題の論証ができたかどうか評価的に考えるという意味なのだと思います。

いずれにしても、損害額算定についての考え方には、事実証明と命題論証との両方がある。命題論証のほうでは、若林先生の言われる憲法的価値に係る議論をする場面があり得る。そうであるとすれば、そうした枠組みを踏まえた立論の組み立てをしていくと了解しやすい。その先には、論証ができるかどうかという問題がありますが、そこで言う論証とは、大多数の人が納得できることです。だから、損害額算定について現代に生かせる法規範を具現化して、これなら皆が納得せざるを得ないというところを論証アリとして認めるという構造として提示していただくとよいのではと思います。

司会・大塚　若林先生、折衷説でよろしいですか。

若林　年少者等の逸失利益算定の問題は、事実認定の問題ではない、という立場であることは確かですので、私自身が、民訴法二四八条については折衷説であると断言できるのかは、なお確信をもって言えるわけではありませんが、加藤先生にそのように整理いただいたということで、引き続き勉強させていただければと思います。

司会・大塚　どうもありがとうございました。新美先生からの吉村先生に対する質問に移らせていただきます。「未熟児網膜症で全盲であった交通事故被害者についての論理は、医療事故によって未熟児網膜症を発症して全盲となった被害者にも適用されるのか」というご質問ですけれども、吉村先生、お願いしてよろしいでしょうか。

吉村　ちょっと趣旨がよく分からないのですが。

新美　全盲の人でも、医療が進歩して所得はそれ相応に得られますと。それが社会の認識として定着するならば、例えば、未熟児網膜によって失明した子どもの逸失利益を計算するときに、医療の進歩によって、失明してもそれなりの所得が得られ逸失利益はあまり多くないですよとなりそうなんですけれども、その辺はどう考えられるか。

吉村　被害に遭って障害を負った人にどれだけ損害があったかを算定するときの考え方と、障害を持った人が亡くなったりしたときに将来どれだけ収入を得ることができたかという考え方は、区別して考えるべきだというところまでは考えています。もちろん、前者の場合、例えば、事故で全盲になった人について、全盲になったっていろいろできるんだから、労働能力喪失を一〇〇％と見なくていいですよという議論は、あり得るかもしれません。

しかしその点は慎重に考えるべきです。視覚障害者や聴覚障害者が事故で亡くなったりした場合の賠償額の算定問題と、事故で全盲になったとか、あるいは聴力を失ったといった人の賠償額をどう算定するかという問題とは、次元が違う問題だと思います。例えば音声認識アプリがある。あるいは、読み上げソフトがありますよね。立命館のロースクールにも視覚障害の学生がいるんですけれども、レジュメなどはデータで渡すと、読み上げソフトがあるので、何とかやれるということはあります。しかし、そういう技術的な変化を前提にして事故によって聴力や視力を失った被害者の逸失利益を算定するということになるのかは、難しい問題です。

司会・大塚　よろしいでしょうか。ありがとうございました。では、溝口先生への質問に移ります。

司会・奥田　城内先生から質問なんですけれども、ケア労働は本質的に無償労働と思いますが、その上で介護、育児については、担当者が欠けることで代替のために家計支出の増加が生じうるとして賠償を認めるということでしょうかというご質問です。

溝口　要するに、自宅介護とか、育児とかの部分のことだろうと思いますが、もともと昭和四九年の最高裁判例も、家事は無償労働だという発想だろうと思っています。実際家事は無償でしているわけだけれども、そういうことを仮にできないとなれば、他人に頼むことになって、そこに支出を伴うことになってくるのだから、家事労働というのは財産的価値があるのだというロジックを立てているので。家事なのか、育児なのか、介護なのかということは、そこは特に区別はないのだろうと思います。そういうことでお答えになっているか、いかがでしょうか。

城内　ありがとうございます。

司会・奥田　新美先生から溝口先生に質問です。十分な資産を有する者が、専らボランティア活動に従事していたが、交通事故で負傷した場合、ボランティア活動に頼っていた被災者に生活に支障が生じた場合に、休業損害が認められるのかという質問です。

溝口　要するに、交通事故の被害者の方がボランティア活動を行っていて、事故でボランティアに来られなくなって、そのボランティアで支援を受けていた方が非常に困った思いをされてしまったといったときに、そこの部分を損害としてとらえるかと、こういうご質問だというふうに理解をいたしました。ただ、その場合に損害を認めるのは難しいのかなと思います。それは損害の主体の問題として、被害者の方の損害という把握の仕方ができないだろうと思うからです。一種の間接問題の枠組みになっていって、まさに支援を受けている方自身が、被害者だという捉え方をして、損害の請求ができるのかという、そういう話になってしまうと思いますので。

新美　労働能力喪失率でいったら専業主婦の家事労働の場合、労働能力喪失説で説明するんですけれども、こういう事例との違いは説明しづらいんですね。フィクションを使わないと。家事労働というのは認められない。そういう理論的な問題があるので、どういうふうに決着をつけるのかなと思ってお伺いした次第です。

溝口　労働能力喪失というところを強く出していくのであれば、将来得られる収入を失ったというのではなく、まさに失った労働能力のところを損害として把握するという形になるので、労働能力喪失説を採用していくという話であれば、そのケースでも、被害者ご本人の損害という形で捉えていくことが可能だろうと思います。

新美　ありがとうございました。実は、この問題、ドイツとかヨーロッパで、牧師さんが死んだらどうするのかということで、大問題になったんですけれど、それをバージョンを変えて質問しました。非常に難しい問題です。どうもありがとうございました。

司会・奥田　それでは時間もまいりましたので、これで終了したいと思います。大島先生、若林先生、吉村先生、溝口先生、どうもありがとうございました。

それでは、「人身損害における逸失利益算定をめぐる現状と課題」のシンポジウムを終了いたします。

報告1

技術革新によるモビリティの多様化と民事責任法の対応
――ドイツ法に示唆を受けて――

司会　山口斉昭
（理事・早稲田大学教授）
報告　前田太朗
（中央大学法務研究科教授）

総合司会・新藤　それではこれより二件の個別報告を行います。個別報告の一つ目のテーマは、「技術革新によるモビリティの多様化と民事責任法の対応――ドイツ法に示唆を受けて――」です。報告者は既にご登壇いただいています中央大学法務研究科教授であられます前田太朗先生です。個別報告1の司会は、早稲田大学法学学術院教授で本学会理事の山口斉昭理事が行います。山口先生、よろしくお願いいいたします。

司会・山口　それでは、第一報告者である前田太朗先生に、ご報告をお願いしたいと思います。慣例ですので、前田先生のご略歴につきまして、ご紹介を申し上げたいと思います。

前田先生は、平成一六年三月に早稲田大学法学部を卒業後、早稲田大学大学院法学研究科修士課程に入学されて、その後、大学院博士後期課程に平成一九年に入学され、平成二四年三月に同博士後期課程を満期で単位取得退学されています。

その間、平成二二年四月から二四年三月まで早稲田大学法学学術院助手を勤められ、その後、平成二四年四月より、愛知学院大学法学部専任講師、同准教授を経て、令和二年四月より、中央大学大学院法務研究科准教授、令和五年四月より、同研究科教授となられて、現在に至っております。

前田先生は、交通法、ドイツ法について、非常にたくさんの業績をお持ちでありますけれども、今回のご報告に関連する活動実績及び著書については、「自賠法における『運行』及び『によって』要件の再構成――独法・墺法に示唆を受けて――(1)(2)」というご論稿が、中央ロー・ジャーナル第一八巻一号、二号に掲載されています。

今回のテーマについては、最近、日本でも、急に新たなモビリティがたくさん出てきて、皆さんも、非常にご関心のあるところかと思います。これにつきまして、ドイツ法の状況なども踏まえてご検討されるということですので、楽しみにしています。

それでは、前田先生、どうぞよろしくお願いいたします。

ただいま過分なご挨拶を頂戴いたしました中央大学法務研究科の前田と申します。普段、ロースクールでは二〇名程度の講義をしていまして、こういう階段教室もないところですので、非常に久しぶりにこういうところでお話をさせていただくということで緊張をしているところです。お時間も限られていますので、お手元にあるレジュメに沿ってということで進めていきたいと思います。

結論、先取りという形になりますが、日本のこの後、説明いたしますが、電動キックボードの事故というのは、社会的耳目を集めている状況であります。ただ、民事責任の観点からいたしますと、非常に先進的な規律が設けられている。それは何故かと言うと、自賠法の適用が認められているという状況にあります。この後お話ししますドイツは、逆に認められないと。認められない状況でどうするかと。非常に苦しんでいる状況で何とか電動キックボードというものの持つ危険性を明らかにし、その対応をしようとしているということは、理論的には非常にドイツは煮詰まってきているという状況があります。日本はパッと入ってしまいましたので、電動キックボードがなぜ危険かははっきりしないところなんですけれども、ドイツ法の状況を参照するということは、日本の規律をむしろ正当化するということになりますので、比較法的なアプローチで進めていきたいと考えているところであります。

ということで先に進めてまいりたいと思います。電動キックボード、電動スクーター等の自賠法の規律は一頁目に書かれているとおりです。なぜ、このようなモビリティが出てきたかと申しますと、レジュメ一頁目ということになります。新しいモビリティが展開してきたということで、皆さんご存じの電動キックボードやモペットと言われているものが街中を走るような状況になっています。この際、日本は、昨年の道路交通法の改正によりまして、特に電動キックボードに対しては自賠責保険、そして自賠法の適用を認めるという形でその使用許可をするようになったということになります。実際、事故の状況としましては、レジュメ一頁目にありますように、令和四度全体で四一件であって、日本の交通事故を調べた限り三〇万件ありますので、わずかではあるのですが、事故自体は増加していっているというふうに考えられています。ただ、電動キックボードそれ自体は登録台数、やはり事故の件数に比例するように低いものでありまして、二万台と言われています。日本の登録される車両台数は四、六〇〇万台でありますので、非常にわずかだということになります。

この後説明いたしますドイツにおきましては、ベルリンの市内、いわゆる日本でいうところの山手線にあたりますリンクのＳバーンリンクの中で七事業者、三万台が提供されているという状況ですので、日本での大手事業者の登録台数を見ますと一万台程度ということになりますが、状況はドイツのほうがかなり深刻なことになっているということになります。

レジュメ一頁目から二頁目にかけて、特定小型原動付き自転車、いわゆる電動キックボードについては、この規格に当てはまる場合、さらに、二〇キロまでという形で走行をすることができます。併せて、特例特定小型原動付き自転車ということで、例外的に歩道を走れるということも認められています。ただ、その際、その特例特定小型原動付き自転車として走っていますよということで、前後にランプを回しながら走る、見せしめのような形であれば歩道を走れるという状況になっています。

ただ、近時におきましては、あまり交通ルールを理解しない利用者がそのまま歩道を走るという状況が見受けられます。このルールの徹底というのは求められるところでありますが、いずれにしましても自賠法の適用が電動キックボードに認められているという状況であります。

二頁目から三頁目にかけてということで、昨年の道路交通法の改正によりまして遠隔操作型小型車というのが認められているという状況であります。これについては、いわゆる電動車いすと同じ状況で最高速度六キロということで、これについては自賠法の適用はないということであります。保険についても義務ではないと。併せて遠隔型操作型小型車については、道路運送法上の車両に当たらないということで、責任保険の対象にもならないということは各保険会社で確認されているところです。

二頁目ということで、いずれにしましても、新しいモビリティが出てきたということで、それに対しては、便利なものでありますので、社会的な便益も高いということであれば、それを認めていく一方で、民事責任が発生した場合については、別途対応する必要が求められているということになります。ただ、国会審議を見ますと、なぜ電動キックボードに対して自賠責保険を認め、さらに自賠責保険適用対象としたのかというのは、はっきり見えてこないというところがあります。警察庁と国土交通省それぞれで研究会がありまして、それぞれやっているということで、いつの間にか入ってしまったという状況でありまして、経緯の詳細は不明でありますが、電動キックボードについて、自賠法の対象とし、かつ、自賠保険の付保を強制したことは民事責任法の観点から先進的な対応をしたということはあります。

ただ、なぜ、この低速度の電動キックボードに危険責任として課すことができるのかという理屈はやはり必要なのかと思います。というのも、技術革新が様々出てくるということであれば、様々な乗り物が今後出てくるということになります。そうしたものに対して逐次立法的な対応等をとることになりますが、あまりチグハグな対応をするというのは、やはり法的な安定性や実務上の観点から望ましいものではないということだろうと思いますので、理論的な正当化は図っていく必要があろうということになります。それが二頁目から三頁目にかけてということで、速度を考慮しながら自賠法の適用対象とするかしないか、あるいは保険義務を課すかというところが問題になっていますが、こうした対応を理論的にどうやって正当化するかというところを考えていきたいということになります。

いずれにしましても、今般の道路交通法改正、昨年の道路交通法改正によりまして、こうしたものについては、ある場合については自賠法が適用され、ある場合については民法でいかなければいけないということになります。とりわけ、恐らく今後問題となってくるのは、電動キックボードの事故それ自体は自賠法の対象になりますから、日本ではこれは民事責任で通常の交通事故と同じように対応していけばよろしいということになるかと思いますが、電動キックボードの最大の特徴は何かというと、バッテリーが付いているということになります。いまのところ日本では、一部発火し始めているという事件は伺うことはありますが、諸外国を見ますと、ニューヨークなどではこの電動キックボード以外でもリチウム電池を使った乗り物に関して発火するという事件が増えているということが言われていて、実際死傷者が出ているという状況ですので、今後日本でもこの電動キックボードあるいは近時問題となっているモペット等に搭載されているリチウムイオン電池が発火するという事件が増えるかと思います。

これに対しては自賠法の適用対象があるかというと、実は日本ではむしろ消極的な理解を示す判例もありますので、これは個人賠償責任の判決の最高裁の理解だったと思いますけれども、消極的に解するものもありますので、今後設例2のような事案が出てくるときに、自賠法の適用対象とするかというのは、非常に実務的な観点からも問題となる。併せて、理論的にも運転しないものが燃えた場合に自賠法の適用対象とするかという問題は出てくるかと思います。

設例の3と4については、遠隔操作型小型車ということになりますから、これは自賠法の適用対象でありますから七〇九条の問題、七一五条の問題になりますし、設例4については、電動車いすの問題ということで、これも道路交通法上は歩行者として扱われますので、七〇九条の問題ということになります。他方で、電動モーターで動いているという点では、電動キックボード、モペットと同じになりますので、これについては、なぜ保険義務を課さないのか、危険責任を課さないのかというのは、当然考えなければいけないところだということかと思います。

設例5については、派生的な問題ということで、速度制限等を問題としないような形で危険責任を課すようになりますと、当然農耕機具、農作業用の自動車についてはどう対応するかという問題も、今回は直接の対応といたしませんけれども、ドイツ法との兼ね合いで実はこれをめぐって速度制限をどうするかという争いがありましたので、少し挙げたということであります。日本では特段問題となっていません。派生的な論点として、問題点として挙げておきたいと考えています。

四頁目にまいります。比較法的アプローチといたしまして、日本に先駆けて電動キックボード、電動スクーターが普及するドイツにおきましては、車両保有者の危険責任を認めます道路交通法（ＳｔＶＧ）が、規律対象とする車両の最高速度二〇キロを超えないという形で限定して、それについては免責をするという形にしています。二〇キロを超えるものについては、日本で言う自賠法の適用対象として危険責任を課していますけれども、そうじゃない車両については、一律免責をしているという状況にあります。

こうした速度制限に対しては非常に批判が高まっていて、昔は農作業用の自走型車両を適用対象にしないのはおかしいとかそういう議論だったのですが、むしろモビリティの展開によりまして、電動キックボードの事故が多発するようになりまして、ドイツの交通法学会に当たるような Deutscher　Verkersgerichtstag と言われているものの、テーマの一つとしてしばしば取り上げられて、昨年取り上げられたテーマは、まさにこの民事責任をどうするかというところでトピックになっています。

ドイツの学説におきましても速度制限の意義、新しいモビリティが持つ危険性の特徴を踏まえた議論が活発化していますので、日本はポッと入りましたけれども、それは立法政策でいいんだというところは法的安定性、今後の法発展という観点から問題がありますが、理論的な制度化は、ドイツに示唆を得ながら進めていきたいと考えているというところです。

Ⅱということで、ドイツ法の状況ということであります。少し古いんですけれども、電動キックボード、電動スクーターの事故件数八、二六〇件で、うち三六・二％が単独事故ということですから、ドイツでも自賠法の適用対象ではないということですが、人身事故も増え始めています。後ほど少し触れますけれども、一部下級審で出始めていまして、やはり今後こういう事件が増えていくだろうということになります。

併せて、当該車両自体は自賠法の適用対象だったのですが、リチウムイオン電池の充電中の発火事故につきまして判断した最上級審の判決も出ていますので、ドイツ法を参照するという意義は非常に大きいかと考えています。いずれにしましても、事故数が増え始めているというところであります。

これに対してドイツ法はどのような対応をするかというと、基本的にはＢＧＢ八二三条一項で対応するということです。それはなぜかというと、ＳｔＶＧ八条一号で速度制限が設けられているからということになります。なぜこの速度制限が設けられたかと言うと、ＳｔＶＧの前身であります自動車法ＫＦＧが一九〇九年に施行されています。これに対しては高速度による危険に対処するためにこの危険責任を課すのだというところは、立法の根拠としては非常に強かったということになります。したがって、低速度のものについては、荷馬車とか、そうした動物が引く馬車と変わらないだろうということで、それについてはやはり機械力を使った高速度による危険ということを考慮したときに、そうした低速度のものについては、危険性がないのだから、危険責任を課すほどの危険性がないのだから、危険責任の対象としないということが立法理由としてあげられていることになります。

ただ、その際、非常に政策的な理由から低速度の車両を排除するということで、建前上、荷馬車と同じではないかといっているのですが、その当時、まさに一九〇九年でありますから、ドイツ帝国であります。まさに軍事的な側面としましてトラックが普及し始めていて、そうしたトラックというのはその当時低い速度のものだったということでありますので、二〇キロを超えないものばかりだったということで、軍事的な側面が強調されまして、これは立法として正当化された。その後、一九二三年に、第一次世界大戦にドイツが負けたという状況になりまして、むしろ軍事的な要請が後退することになり、トラックを保護する、トラックによる活動を保護するということで、車種の特定による制限を排除して、一般的に二〇キロ以下のものについては速度制限を維持して規制するということで、車両的なアプローチから速度制限を一本化するということで、二〇キロ以下のものを危険責任対象から外すというアプローチをとるようになりました。

その後、第二次世界大戦以降、ＳｔＶＧに移行するにあたっても、この規律が維持されたということになります。これに対してその後どうなったかというと、まず解釈論によるアプローチとして変容が見られることになりました。本来危険責任というのは、機械力による高速度による危険というのを想定したものでありましたけれども、四頁目から五頁目にありますように、ＳｔＶＧ七条一項、日本で言う自賠法三条にあたる規定、日本の沿革にもなったルールでありますけれども、これにしましては、もともとReichsgericht、戦前の日本の大審院に当たる最上級審では、機械工学的な観点を重視する判決もありましたけれども、その後、判例通説におきましては、機械工学の理解ではあまりにも狭すぎるということで、駐停車中の事故も含むように危険責任を認めるべきだということで、まさに交通に関与する、自動車が交通に関与したことによって生じた危険については、危険責任の規律を及ぼすべきだという交通工学的な観点に基づいて自動車の運行概念を理解するように展開するようになりました。交通法学会におきましても、植草さんが何年か前にご報告されたところで、ご記憶の先生方もいらっしゃるかと思います。

まさに交通工学の観点に基づきますと、まさに駐停車中の事故であっても、自動車、当該駐停車している自動車の事故としますから、速度危険など問題にならないということになります。このような形で交通工学的な観点を重視しますと、むしろＳｔＶＧ八条一号の規律というのは、何なんだ、これはということになって、矛盾が生じてくるという状況になっています。

さらに、このＳｔＶＧ七条一項の解釈はかなり拡大しておりまして、現在は、自動車の事故発火事例というのが非常にドイツではトピックな議論になっています。最上級審の判決も二〇一四年にはじめて出されまして、その後、二〇二一年にかけて立て続けに出されている状況であります。これについては、連載中の論文が何とか今年度中に出ると思いますので、そこで参照していただければと思うわけですけれども、いずれにしましても、自己発火の例も運行に際しての事故だと理解されております。そこでは例えば、駐車場に停められていて燃えていても自動車の危険だということになりますから、速度危険というのはもうないと、考慮しないという状況になってきているということになります。五頁目のところにも挙げていますが、ＢＧＨが非常に広い規範を立てて対処するようになっていまして、まさに自動車というのを使ってそれによって利益を上げる。それに対する危険についても保有者が負うべきだという形で、非常に一般的、抽象的な理屈によってこの危険責任を広げていっているということになります。少しこれは広げすぎではないかという批判は学説上強いところではありますけれども、こういう形で被害者の観点から見れば、非常に救済規範として機能しているということになります。いずれにしましても、速度危険というのはかなり後退している状況にあるということです。

そうすると、さらに、これは解釈論としてＳｔＶＧ七条一項のところで速度危険が考慮されなくなってきていますが、併せてＳｔＶＧは一九五二年にできて以降、何度かの改正を経ています。その際、五頁目から六頁目にかけてということで、学説上、ＳｔＶＧ八条、やはり問題ではないかという批判が大変強まってきているということになります。明確に主張したのはメディクスということになります。これに対しては、交通工学的な観点で、速度危険というのは重視されなくなったというのだからＳｔＶＧ八条一号というのはもはやいらないんだということを明確に主張されています。

さらに、学説におきましては、速度の遅い自動車を危険責任の対象外とするというのは、基本法、ＧＧに反するというところで不平等な取扱いをやめるべきだという見解も出てきているということになります。ただ、これについては憲法論になりますので、民事責任の観点からどのように考えるかというのは、以下の方法で進めていきたいと思います。

五頁目から六頁目にかけてということで、ＳｔＶＧ八条一号をある種潜脱するような形でトレーラーの責任を認めるということで六頁目に挙げられています。牽引車から切り離されたトレーラーの部分についても、それが事故に起因した場合については、トレーラー保有者に責任を負わせるという形で処理がされています。近時では、駐車場にとめていたトレーラー、牽引車から外したトレーラーが横風で横転して他の車両を棄損した場合につきましても、これはトレーラー保有者の責任になるということでＳｔＶＧ七条一項の厳格な責任を認めていますので、もはや速度危険など関係ない状況になっています。

立法者は、こうした立法をするにあたって、二〇〇二年の改正において、ＳｔＶＧ八条一号を廃止するということも考慮していたということであります。ただ、六頁目のところに書いていますが、ちょうど二〇〇二年に選挙を控えているということで、農業団体のロビー活動もあってこれはやめると。もしこのＳｔＶＧ八条一号の規律を除外すると、農業車両についても厳格な責任が課されるのではないかということで、このままだと負けるということで、そこには手を付けないということで、併せて農業団体が騒ぎ出すと大変なことになりますので、二〇〇二年の改正というのは日本の再建法の改正にも大きな影響を与えた改正で、他の重要な案件が流れてしまうのを避けなければいけない。極めて政治的な理由でこの八条一号の改正を見送ったという経緯があります。この辺を調べるといろいろ面白いところあるのですが、民事責任を離れますのでやめておきたいと思います。

さらに、こうした立法的対応を実はとってしまったがために、以降どうしたかというと、ドイツの改正は尻込みをするようになります。例外的に速度が遅い車は危険責任にしますよという形で、八条一号に触れないというような形でアプローチするようになっています。それが一番表れているのは、二〇二一年改正によってレベル4の自動運転車に対応するために、八条一号の規定を適用しないというルールを設けています。なぜこのようなルールを出したかというと、自動運転車、レベル4の自動運転を想定する自動車については、二〇キロを超えないものが現在の技術では中心となっているということで、そのままだと運転手がいない自動車が走るということになりますので、そうすると、運転手には責任追及できないし、StVG一八条に実は過失の立証責任転換規定がありますので、運転手がいないものについてはやはり適用できないということになりますし、速度が遅いので免責されてしまう。これでは被害者救済されないという事態になりますので、StVG八条一号の適用はないというような形でStVGへの改正を二〇二一年に行っているということになります。これはレベル4、それ以上のレベルの自動車を想定した場合の、現段階の技術の水準を考慮したときの対応ということでかなり個別のアプローチをとっているということになります。

この改正でもStVG八条一号にあえて触れない。全く触れていないという状況でありますので、やっぱりこれを変えるのは大変だというかつての先人の知恵といいますか、そういうのがあるのかなということで、一切触れていないという状況であります。ただ、このようなツギハギの改正に対してはやはり学説上の批判が強いということになります。まさにStVG八条一号を政治課題としないというような形で何とか対応していっているということになります。ただ、いずれにしましてもStVG八条の速度制限に関するルールというのは、非常に不安定な状況、解釈論におきましても、立法論、まさにStVGの体系内におきましても非常に浮いた微妙な立場に置かれているということになります。

こうした場合において、六頁目から七頁目にかけて、ではこうした電動キックボードをドイツでどのように対応するかといいますと、これは矛盾が生じていますけれども、Canaris のように産業保護という観点を一応正当化するというアプローチあります。ただ、このようなアプローチいうのは、要するに向こうの危険責任の理解ということで個別列挙主義、つまり、特定の法律に基づいて特定の危険源に対して危険責任を課すというアプローチでありますので、立法上このような対応も仕方ないかなということでありますが、そうするとこれはどのような問題が出てくるかというと、六頁目から七頁目にかけてということで、危険責任は類推適用できないというような形になりますので、あくまでも立法者の問題であり、実際に下級審を見ますと、結局立法者としては速度が遅いけれど、危険な自動車が出てきているんだけれど、それに対しては立法的な対応をしないということは、それは許された欠缺であるということで、類推適用は認められないと。立法計画に反した欠缺でなければ類推適用はできないというアプローチが支持されることになりましたので、結局のところ、下級審では危険責任を類推適用しないということで、過失責任で対応しなければいけない状況になってきているということになります。

これに対しては、やはり七頁目上から六行目、七行目のところにありますが、過失責任と並ぶ危険責任というのは重要な責任、正当化根拠でありますから、やはり速度によって規律を振り分けるべきではなく、等しい危険があるならば、やはり危険責任を考えていくというのが必要となってきている。ただ、ドイツはこのような形で立法化しないとどうにもこうにもならない状況になっていますので、StVG八条一号を廃止する方向でいくか、あるいは潜脱する方向でいくかという二つの選択肢に迫られているという状況にあります。

その際、こういう非常に危険があるのかないのかというのを考えなければいけないので、従来ドイツの議論におきましては、自動車固有の危険というところに着目する見解は非常に少なかったわけであります。先ほど申し上げました交通工学的な観点で問題となる自動車の危険って一体何なのかというのは、必ずしも明確には述べられていなかったのですが、近時こうした議論をする中でどのような危険があるのかというように、危険な内容に着目する見解が増えていっているという状況であります。

ここでいきなりオーストリア法が出てくるわけですが、ドイツにおきましてもまさに速度が遅い自動車が道路交通に参画することによって、相対的な速度差が生まれている。まさに速度による危険というのは意味が変わってきて、単体で高速度が危険だという状況から、遅い速度の自動車と通常の速度で走る自動車との速度差が生じてきて、これが危険なのだというところとか、あるいは農作業機械であれば、重量とか大きさといったところを考慮して危険の内容を明らかにするというアプローチが増えるようになってきました。これは今までＳｔＶＧ七条の研究を自分としてはやってきたのですが、あまり危険の内容に踏み込む見解は少なかったのですけれども、電動キックボードに関する民事責任のあり方に関する議論と並行して電動キックボードをどう危険責任の対象とするかというと、やはり危険とは何なのか、ここで持つ危険は何なのかというところに着目するアプローチが増えてきたのは非常にいいことだなと考えています。

こうした話というのは、日本でも自動車固有の危険って何なのかというところをあらためて考える契機にもなろうかと思います。少し派生的になりましたが、こうした形で何とか危険責任に入れようということで展開してきているという状況であります。こうしたアプローチを正当化するようにドイツにおいては、二〇二二年の交通法大会に向けてどのようなアプローチが支持されたかというと、ＳｔＶＧ八条一号をすべて削除する、もはや時代に合わないので、まさにメディクスが唱えたようにもう削除しましょうというアプローチが有力に支持されている状況にあります。

ただ、これは何が問題かというと、なぜＳｔＶＧ八条一号で保護していたかというと、その当時の社会状況でありますが、当該車両を使った活動を保護するという政策的な観点が実は入っていたのではないか。まさに一九〇九年当時であれば軍事でありますし、それ以降であればトラックを保護する。近時でありますと、これはまさに電動車いすについては、まさに保護の対象とすべきだということで、農作業機械について保護すべきかどうかというのは、これは国の立法政策によるところではありますが、保護の要請はあろうと思います。ＳｔＶＧ八条一号の一律削除をすることで、政策的な考慮、とりわけ当該車両を用いた活動の保護という観点が抜け落ちてしまうのではないかということで、この規定の一律削除に躊躇する。あるいは抑制的な立場も有力に主張されています。それがｂということになります。ＳｔＶＧ八条一号を維持しつつ例外規定を置くというのは、今申し上げた活動の保護という観点から、保護するものについてあえて言わなくていいと。むしろ危険責任を広く認めていくということになりますから、適切な対応になるかなということになろうかと思います。

ただ、そうしますと、結局例外規定を置くということになりますから、硬直的な対応にはなりかねないということになります。どのような理由でＳｔＶＧ八条一号の免責の特権、危険責任を規律されないという特権を認められるかは、個々の車両で考えられるということになります。ただ、その際に、一律削除の場合には保護するという観点は、後退することになりますけれども、維持しつつ例外規定を置くということは、やはり個別の考慮ができるということになりますので、その点ではメリットがあるかなということになります。ただ、これはいずれにしましても、日本では特段問題になっていません。むしろ、どのようなメルクマールに基づいて、危険責任の規律を振り分けるかというところが重要となってくるかなというところであります。立法の対応というところであります。

ただ、日本でも電動キックボードは当てはまるとか、改正されましたけれども、モペットは今までは不透明だったけれども、当てはまるというような形、個別的な対応をしますと、やはり遅れる。迅速さに欠けるということになりますので、もはや一律自動車も含めてしまうというようなアプローチもあり得るかなというところになりますので、ドイツのこうした議論状況というのは、日本の今後の対応を決めるにあたっても非常に参考になるところがあるかなというところです。いずれにしても、一長一短ありますので、この点は直ちには決めることはできませんけれども、こうした議論があるというのは、日本でも参照できるということになります。

このような観点からしますと、七頁目から八頁目にかけて、ドイツ法におきましても、電動キックボードについては、危険責任の対象に十分なってくるだろうということで、まさに遅い速度のものが、特に電動キックボードの事故が問題となる場面というのは、密集した都市部で使われるということになります。先ほど申し上げましたように、ドイツにおきましては、Ｓバーンリンク、山手線より少し広い範囲の中で三万台電動キックボードが走っている状況であります。電動キックボードはどこを走れるかと言うと、自転車専用道路、そして一部の場合について道路のみでありますので、歩道を走るというのはできないというふうにされています。ただ、無法者がいますので、ドイツでも、歩道を走って事故を起こしてしまうというのはあるということは言われていますので、やはりそうした状況を鑑みますと、そうした速度が異なるものが道路交通に関与するというのは、速度差による危険という観点から支持できるところかと思います。

併せて、八頁目に書いていますが、危険責任には服さないのですが、電動キックボードそれ自体については、強制保険法がありまして、これについて付保義務が課されています。六キロ以上で走行するものについては、付保義務がありますので、既に手当がなされているということになります。ですので、危険責任を認めて直接請求はしやすくなるというのは、非常にメリットがドイツ法では大きいということになります。

ただ、これは認められていませんので、非常に困った状況になっているということで八頁目のところに書いてありますが、結局、理論上は、危険責任を課すことは可能ですが、先ほど申し上げましたように、ＳｔＶＧの類推規定を否定するという状況にありますので、過失責任で対応する。では過失責任厳格化しているかというと、下級審を見ますと非常に電動キックボードの事件を扱われるようになっているのですが、非常に厳しい、被害者にとって厳しい判断をしているということで、過失の立証責任、これをかなり厳格に課していますので、被害者が負けるという訴訟が多いという状況になってきています。

今後、こういう対応、最上級審に持ち上がった場合にどうなるかというところでありますけれども、例えば過失の立証責任に転換するとか因果関係の立証責任に転換するというアプローチは、現在の下級審の状況を見ますと、とられていない状況でありますので、ドイツ法においては、危険責任を認めるというのは非常に重要な状況になってきているということが言えます。まさに実際上の必要性としては今申し上げたとおり、被害者側が裁判で負ける状況が出てきているということになりますので、これは立法上の対応がドイツでは求められているという状況であります。

あと、プラスアルファの問題としまして電動キックボードについては、バッテリーの充電を必要とするという状況です。ですので、発火する可能性は高いということで、実際にこれはＳｔＶＧの規律対象となるイーバイクの事例だったのですけれども、バッテリーが車両から外されて充電されて発火してしまったというような場合については、運行に際しての事故ではないと。通常のバッテリーの自動車に使わないようなバッテリーの場合と同じではないかということで疲弊しているのですが、ではバッテリーを車両に付けたまま充電して火災が発生したらどうなるのか。あるいは、技術が進んで接続しないままできるわけですね、充電ができる可能性が出てきますが、その場合どうなるのかということになると、これについては、判断は分かれるということになろうかと思います。判例の射程は、あくまでバッテリーから外した場合ということになろうかと思いますが、このような形で問題となってきているという状況で、バッテリー火災というのは、おそらく今後ドイツでも、そして日本でも問題となってくるかなということが言えるわけであります。

八頁目から九頁目にかけてということで、速度制限に関して問わないということになりますと、当然作業機械に関しましては危険責任が問題となってくるということになろうかと思います。あとは、農業団体をどう説得するかというドイツのアプローチに関わっているということであります。ただ、八頁目から九頁目にかけて書かれていますが、作業機械についてては、速度が遅い場合についてては、今までは強制保険をかけなくてよかったんですが、ＥＵ指令との関係で速度が遅い農作業機械についても、今後は保険を課すというドイツはそういうアプローチをとることになりましたので、この点はもはや議論としては形骸化しているところでありますから、もう危険責任を課してもよろしいのではないかという状況は、ドイツでは揃っているという状況かと思われます。

九頁目になりますが、じゃあ政策的な観点につきましても、こうした車両を特権化するという理由付けはないということになりますので、今後は保険の対応が問題となってくるというところであります。

九頁目にかけてということで、ｂの　Pedelecs ということで、電動アシスト型自転車についてては、これは確かに高速度になります。ただ、二五キロまで出ることになりますけれども、順次、速度が上がっていけばモーターの出力が下がっていきますし、また、ペダルをこぐとモーターが止まるという仕様になっていますので、まさに機械による危険がない状況であります。これは電動キックボードとは決定的な違いということになりますので、これについてては、あえて危険責任を課す必要はないのかなということになります。ドイツでもこれは危険責任を課さないということをＳｔＶＧ一条三項に基づいて、はっきり言っていますし、また、強制保険法につきましても、これは保険の対象にならないということを言っていますので、そういう対応でよろしいのかと思います。

ただ、過失責任の立証責任というのは大変でありますから、例えばということで、二〇〇五年、二〇〇七年に出されましたオーストリアの損害賠償法に関する討議草案で自転車を含めていましたので、これについては過失の立証責任のようなルールをつくるというのはあり得る選択肢かなということであります。

また、強制保険をかけないとしても、ドイツにおきましては八三％が私的な責任義務保険をかけている、個人賠償責任をかけているということでありますから、多くはカバーされる状況にあろうかと思います。ただ、併せてこれは政治的な理由ということで、ＥＵレベルでは電動モビリティに関連する圧力と言っちゃいけないですね、アプローチがすごいあったということで、保険指令の改正にあたっては、今まで保険義務というのを課す、付保義務を課すとされているのは、ロビー活動を受けたことによっては、これは安全な乗り物だと、危険じゃないということで、保険義務を課さないというような形で電動キックボードも含めてＥＵ指令では入れないということをしたようでありますので、そのＥＵ指令の理由付けでははっきり書いていないんですけれども、ドイツのＥＵ指令のある解説を見ると、これは明らかに圧力があったということが書いてありましたので、そうかということでありますから、この辺は政治的な課題だということになろうかと思います。

いずれにしましても、ドイツにおきましては、電動キックボードもＥＵ指令で付保義務を課さないということになっていますが、それはドイツではやらないということで、付保義務を課すというアプローチを強行にとっていますが、その点はいいアプローチをとっているかなということで、少し派生的になりましたけれど、Pedelecs については以上ということになります。

併せて、電動車いすについては、これは電動車いすもモーターによって、電動的なモーターによって駆動するということで、自動車となり得るということになります。ただ、ＳｔＶＧ上では、一条二項で自動車の対応ということになりますが、電動自動車に関する規則というのがありまして、これについては、六キロ以下のものについては自動車としないということで、六キロを超えるスピードで走るものについては、自動車というふうに考えらえることになります。ですので、現在、ドイツでも日本でも大体六キロが最高速度として設定されるものが多いと言われていますし、日本でも電動車いすについては、これは高速度にしない、六キロまでということになりますので、これについては確かに危険性は高いかもしれません。重量はあるということになりますし、危険責任の一つの要素は満たすかもしれませんが、速度は遅く、さらに他害性は少ない。併せて電動車いすであれば、他の歩行者は十分よけられると考えられますので、危険責任を課すほどの危険性はないだろうということが言えるわけであります。ただ、六キロを超える、そして一五キロまでということで言われますと、これは自動車に当たりますので、その場合は危険責任の可能性は出てくるかなということになります。

今申し上げましたように、付保可能性としましては、強制保険法についてはこの四月に改正されましたが、引き続き同じ規律が当てはまっていまして、電動車いすについては、六キロ以下のものについては、保険が課されません。六キロを超えて一五キロまでのものについては、付保可能性があるということですが、あまり市場に普及していないようでありますので、実際問題としては大体付保可能性のない車いすが認められるという状況になります。

併せて、仮に、ＳｔＶＧ八条一号を廃止することで、電動車いすの保有者が危険責任を負う可能性が出てくるわけでありますけれども、身体障害者にとっては非常に重たい負担になる可能性がありますので、まさに社会政策上、こうした方たちの社会参画を促す一つのツールであります電動車いすについては、付保可能性も、危険責任を課す必要はないのではないか。仮に心配であれば個人賠償責任保険を付ければ、それで対応できるのではないかというふうに考えています。

ということで、結局のところ、比較法のスタートとしましては、危険責任に服する自動車固有の危険とは何かというと、交通工学的な観点、つまり、自動車が交通に関与することによって生じる危険というのを規律対象とするべきものだということは出発点に置くべきだろうということになります。その際、低速度による車両というのは、基本的には速度差が生まれることになりますので、これに対しては危険性があるというふうに考えまして、危険責任の規律対象とするべきだろうということになります。

併せて、加味される要素としましては、車両の重量および付与の可能性といった観点から、危険責任を正当化していくということになろうかと思います。電動キックボードについては、ドイツとは異なり、日本ではそもそも認められているという状況にありますから、何ら問題ありませんが、これは基本責任の観点から正当化できるものであります。むしろ先進的な立法者ということで、大変よろしかったということで、これをドイツ法でやれば、ドイツ人は喜んでくれるのではないかというところも思ったりするところであります。

ただ、本報告の射程を超えますが、事故予防の観点からは、やはり事前規定というのは必要だということで、交通ルールがわからない人が電動キックボードを使うのは、危ない状況だと思いますので、これについては、やはり行政的な規制ということで、まさに公私協働ということで、民事的には危険責任で何とかフォローしますけれども、やっぱり事故が起きないのが一番でありますので、民事責任のルールは限界があるということになりますから、公法的な規制、交通ルールの整備といったところ、交通教育というのが求められている状況かということになります。これはドイツでも同じような状況にあるということになろうかと思います。

モペットは免許が必要だし、ヘルメットが要るということで、原付バイクと同じ状況でありますが、原付バイクと同じような危険性があるというのは、当初のキックボードの理解だったとしますと、規律としては、現在の規律は緩いところはあるかなというところになりますので、この点についてはまだまだ考えるところはあるかと思いますが、民事責任としてはすばらしい立法をしたということは言えるかと思います。

ただ、問題は今後、先ほど申し上げましたが、バッテリー発火事故については、認めるかどうかというのは非常にこれからの議論かと思います。ドイツ法を参照すると、可能性としては高くなってまいりますが、バッテリーをはずした状態と付けた状態で責任が違うという、なんともチグハグな状況になってきますから、この点については理論的にさらに詰めて考えていく必要があろうかと思います。

その際、バッテリーに関して燃えたんだから、バッテリーの製造者に責任追及すればいいのではないかということで、製造物責任の問題も出てまいりますが、立証責任の観点からすると、やはり電動キックボードの保有者に対する責任追及をするのが、被害者にとっては非常に簡明だと、まさに自動車の運行だというふうに言えばそれで責任が認められますので、欠陥があるとか、因果関係あるとか、そういう話しをしなくて全くいいわけであります。また、バッテリーが燃えてしまっていると、本当に欠陥があったかどうかよくわからないという状況になりますから、被害者側の立証責任の負担から考えましても、自賠法で処理できるようになれば、それは被害者の救済に資するということになろうかと思います。ただ、これが危険責任の問題なのかというのは、ドイツでも議論されています。この点はさらに考えていかなければいけないところだということになります。

あとは、電動アシスト付自転車については、先ほど申し上げました民法七〇九条でよろしいのかということになります。あとは、個人賠償責任保険等で対応していけばよろしいということになりますし、また、電動車いすにつきましても、やはり歩道上を走行するということで、歩行者との接触事故というのは考えられるところでありますし、需要があるものが接触する可能性があるということであれば、危険責任の一要素は満たすかもしれませんけれども、これについては、社会政策的な理由も含めて危険責任を服するべきではないということになります。民法七〇九条の責任ということになりますが、個人賠償責任保険について、スズキとか様々な自動車メーカーが、推奨していますので、これで対応していけばよろしいということになろうかと思います。

遠隔操作型小型車につきましても、これは電動車いすと同じ速度でありますので、これは危険責任に服するとすべきではないという状況かと思います。これについては、設例4となっていますが、設例3ということになります。併せて、農作業の自動車につきましても、速度制限等を踏まえてということになろうかと思いますが、区別のメルクマールとしては、やはり車両の重量や事故の頻度、発生場所を含む形で処理をしていけばいいかなということで、多分農作業用の自動車の場合については、そもそも公道を走る場合が少ないかなというところで、仮に公道を走るような場合については、危険責任での対応というのは、まさに速度の差とか重量とかを考えると服するべきかなと思いますが、多分農作業中の自動車事故というのは、使っている最中の事故だということになりますが、そもそもそこは道路なのかという問題も含めて、ドイツでも議論になっていますが、こうしたものについて危険責任を課したとしても、そこで厳しく運行に際して日本で言えば運行によっての事故かというところの規律が、スクリーニングが働くことになりますが、そこまで直ちに責任がうわーっと広がっていくわけではありませんので、理論的にきれいに整理できるかどうかというところから、作業車の危険責任を説明している側面もありますので、実際問題としては、この農作業の自動車に危険責任を課したというような形であったとしても、直ちに厳格な責任が問題となってくるわけではないということを指摘できるかというところで、四〇分ほどおしゃべりをしてしまいましたけれども、私の報告としては以上となります。まだ煮詰まっていないところも多々あったということになりますが、非常に不完全な報告を先生方に聞いていただいて恐縮ですが、報告としては以上です。ご清聴ありがとうございました。

《質疑応答》

司会・山口　前田先生、ありがとうございました。ドイツの状況を踏まえて、そもそもどのような危険に対してどのような責任を振り分けるかということについての根本的な考察となるような、貴重な素材を与えていただいたかと思います。

そこで、フロアーの先生方から、何かしらご質問等ありましたら、お願いしたいと存じます。いかがでしょうか。では、新美先生、お願いします。

新美育文（明治大学）　非常に興味のあるご報告ありがとうございます。極めて素朴な質問になりますが、ドイツでは過失をずいぶん厳格に立証されたりしているようですが、日本ではそんな状況がないと思うんです。例えば民事訴訟における過失判断では、注意義務を厳しくして過失を認め易くしているといいますか、基本的には被害者保護ということが前面に出てきていると思います。では、一例として身障者用の車、電動車いすについて、加害者側についての配慮はあるかもしれませんが、被害者についてはどういうことになるのでしょうか。

前田　ありがとうございます。そうですね。被害者保護を重視しますと、危険責任を課したほうがということで、運行に際しての事故、多分走行中の事故がほとんどになるかと思いますが、他方で、今、新美先生がおっしゃられましたように、民法七〇九条で責任追及すればいいというのは、逆に言うと、被害者にとっても民法七〇九条でアプローチしていくことができますので、これについてはまさに両者のバランスをとる上で民法七〇九条でいくのがよろしいのかなと考えています。

ドイツでも実際に事故がそんなにないので、実際どうなのかなというふうには思うのですが、八頁目のところにあります電動キックボードに対する下級審はかなり厳しい対応をとっているということで、立証責任がかなりハードルの高い状況であります。ただ、下級審なので、最上級審に上がった場合、もしかしたらひっくり返るかもしれない。だから日本と同じように、新美先生のおっしゃられたような状況になるかと思いますので、そのようなことで下級審はこうなっていますが、上に上がったときにもしかしたら厳格化するかなどということで、日本と同じ状況がある。危険責任を課したのと同じ状況になってくるかなというところになるかと思います。

ご質問に対するお答えとしましては、身障者等の問題がありますので、危険責任を課さないということは報告で申し上げましたが、実際七〇九条で責任追及する場合でも、過失の立証責任というところで、危険源を使って活動しているというところを踏まえますと、過失の厳格化の要素はあるということになりますので、被害者の救済は全く無視することにはならないのかなというふうに考えているというところであります。少し車両を使ったほうの側に立った報告での説明だったと思いますが、被害者のバランスをとるには、七〇九条でいくのが電動車いすについてはよろしいのではないかと考えています。

司会・山口　よろしいでしょうか。他にいかがでしょうか。

高野真人（弁護士）　今日はどうもありがとうございました。弁護士の高野です。少しお考えをお聞きしたいのですが、バッテリー事故の問題は今後起きるだろうというお話でしたけれども、日本においてはこういう対応をするときに、自賠法の適用される車であれば、外で動いているときにバッテリーが爆発するなり、発火するなりすれば、運行起因性の点から考えて、多分責任が認められるから問題はないのかなと思いますが、問題は停車中に、あるいはずっと駐車しているときですよね。そのときに発火したらどうするのかということですが、運行起因性を認めることになると思われます。最後に残るのは例えば修理工場とかでいわゆるメンテナンスをする、あるいは車が動き出す前に少し点検するときに事故が起った場合ですが、そのときに被害が出るのは、多分運転者本人や運行業者だけでしょうから、果たしてそこまでの保護を考えてバッテリー事故も保護する考え方をとる必要があるかどうか、少し気にかかったのですが、その点はどうでしょうか。

前田　ありがとうございます。最後、先生のおっしゃられた点、非常に重要でありまして、ただ、バッテリーが発火する、例えばマンションの駐車場、下にとめていて、ボンと爆発すると、上の住民が死亡する、あるいは死傷するという可能性もありますので、そうすると屋内の事故というのはやっぱり処理をしなければいけない、危険責任を課さないといけないということがあろうかと思います。修理工場も同じでして、ドイツでは通常の自動車ということになりますが、なぜだか爆発すると。修理工場とその一帯が燃えてしまったという事件もあります。たまたま全部物損で済んでいるんですけれど、死傷事故があるということになりますと、それは危険責任で対処するから救済されたというところがありますので、今後そういう形でそういう事故が起きると、当然修理工場と自動車保有者との間であれば契約でやればいいと思いますが、隣人まで拡大したという場合について、危険責任なり、民事責任の規律をどうするかというのは重要なのかなというふうに思いまして、今日取り上げたというところであります。

多分今後も個人で持っている電動キックボード、使わなくなって置いておいたら爆発したというのは、当然メンテナンス不備、それは過失でいけるかもしれませんが、いずれにしましてもそういう可能性が出てくるということになりますと、やっぱり危険責任での対応というのは十分考えておかなければいけないかなと考えています。以上です。ありがとうございました。

司会・山口　ありがとうございました。他にいかがでしょうか。あと一人ぐらいかなと思いますが。

宇都宮遼平（関東学院大学）　関東学院大学の宇都宮でございます。本日は貴重なご報告をありがとうございました。

私は専門外ですので、基本的な、と申しますか、理解が行き届いていないがゆえの質問となってしまうのですが、先ほど危険責任に関するコメントの中でメンテナンス不備というご指摘があったかと思います。私としては、例えばハイブリッドエンジンの自動車が普及した頃から、その機構が高度に複雑で、専門家であったとしても、個人経営の整備工場ではなくディーラー等でないとメンテナンスができないといったような状況があるように思っておりまして、電気自動車のバッテリーもおそらく同じような状況であるように思うのですが、そうすると、まして専門家でもない我々にとってはメンテナンスそれ自体がとても困難であるといったような状況の中で、メンテナンス不備ということでどこまで責任を課すことができるのかが問題となるように思います。質問が少し不明確で申し訳ないのですが、この点について、先生のご見解をお聞かせいただければと思います。

前田　ありがとうございます。二つアプローチがあるかと思います。バッテリー等でありますが、機械の危険を考慮するという形で少しドイツ法を参照しますと、まさに自動車というところにバッテリー等が用いられて、非常に機械危険が問題となってきているということで、危険責任を保有者に課してしまうというところで、もしそれで製造者にいければ求償すればいいというところで、そこで対被害者としては受け皿を保有者に求めていくということになろうかと思います。だから、メンテナンス不備というと、過失に接近するかもしれませんが、もう危険なものだということでそうしたバッテリーならバッテリーやそうした電池を使うものに関して危険性が高まっているということであれば、その保有者に危険責任を課すという、ある種原始的な危険責任の発想を使って対応していくというのがよろしいのかと思っているところであります。

非常に危険が高いものであれば、危険責任というのは最終的にはどんどん厳格な責任を認めて不可抗力すら認めないということで、その活動自体の水準を下げてしまうというのは危険責任の一つの機能として重要なところだと思いますので、そうしたところを踏まえますと、そういった形で危険なものを持っているんだということで、メンテナンスの要素もあるかもしれませんけれども、危険物を持っているものに対して厳格な責任を課して対応すると。それに対応して必要であれば保険等の対応をしていくと。あるいは製造物責任が問題であれば、製造者への求償の道というのを確保するということで分散していくというのは十分あり得るところかなということで、お答えになっているかどうか心配なところでございますけれども、非常にご示唆に富む質問をいただいたということで、以上ということでありがとうございました。

司会・山口　ありがとうございました。ドイツの状況も複雑なので、これをそのまま日本に導入するということはできないのだろうとは思うのですが、ただ、ドイツでは、危険のあり方を明確に意識して、それに応じた責任のあり方を議論していると拝聴しましたので、そのような基本的な考え方の素材として、今回のご報告は、日本の議論にも、非常に参考になるものであると思いました。実を言うと、このテーマは、シンポジウムで扱っても良いのではないかという話も、理事会ではあったところですので、前田先生には、今後さらに研究を進めていただければと思います。

それでは、これで前田先生のご報告を終えたいと思います。皆様には、もう一度拍手をお願いいたします。

総合司会・新藤　前田先生、ご報告ありがとうございました。

①危険責任に服する自動車危険とは何か？　交通工学上の見地に立った再構成？

原動機による速度危険からの変化を踏まえ、交通工学上の見地からその危険性を理解すべき

→低速度の車両は、現在の交通状況によると、その速度差（相対的速度差）により、停車している車両同様の危険性を生じさせており、原則として、危険責任に服するべきと考えられる。

＋αとして加味される要素　車両の重量及び大きさ、付保の可能性

②規律対象とすべきモビリティとそうでないモビリティ

a 電動キックボード

日本法において、電動キックボードが危険責任に服することは、①でみたところから積極的に支持できる。（設例 1 は自賠法・自賠責保険で対応できる）

＋本報告の射程を超えるが、事故予防の観点からは、さらに公法的な事前的規制を拡充する必要はあると思われる。

⇔駐・停車中のバッテリー発火事例について、自賠法 3 条の「運行による」事故として評価できるかが問題となる。（設例 2 への対応が問題となる 。）

b 電動アシスト付き自転車、電動車いす、遠隔操作型小型車

速度制限を考慮しないとすると、電動アシスト付き自転車や電動車いすが規律対象となりうる。一方で、電動アシスト付き自転車は人力を介して、速度が上がるにつれて原動機の補助が減るという構造を踏まえると、全面的な機械による駆動ではないこともあり、危険責任での規律は適合しないであろう。民法 709 条責任を前提としつつ、個人賠償責任保険により責任負担者の賠償資力を確保するアプローチが適切なものと思われる。他方で、電動車いすについては、その重量や付保の可能性から、さらに超高齢化社会に突入すると、こうした車両が多く用いられるようになり、歩道上での事故は、危険責任とすべき余地はあるのではないか。また任意保険制度もあることから、このように理解しても、電動車いす利用者にとって過酷な負担とはならないとも考えられるたとえば、スズキについて個人賠償責任保険として 3 億円までカバーしている。（https://www.suzuki.co.jp/welfare/purchase/insurance/ ）。

しかし、電動車いすは歩道で用いられることやその速度の遅さ、さらに歩行者による回避可能性も高いと考えられることから、車いす自体の危険性は低い評価され、危険責任とすべきではないであろう。さらに、高齢者、身体障碍者の保護という政策的観点からもこうしたアプローチは支持されよう。（設例 3 では、民法 709 条での対応が重要なものとなる 。）

遠隔操作型小型車については、利用者に対する政策的配慮はそもそも問題とならないことから、当該車両を危険責任の規律対象とすべきとする立場を支持することができるものとも考えられる。しかし、歩道上を、低速度で走行することから、歩行者の回避可能性も高く、遠隔操作型小型車両は危険責任に服するとすべきではないであろう。（設例 4 では、民法 709 条での対応が重要なものとなる）

＋α（波及的に）また、農作業用の自動車に関しても、現在は速度区分が問題となっているが、こうした速度制限が適切かは、区別のメルクマールとして適切ではなく、事故の頻度、発生場所を含む事故の態様や損害発生の蓋然性を踏まえて考えていくべきであろう 。

故はまれなものであり保険料の上昇懸念は当たらないとする。)。

⇒これら車両に危険責任を課すことは支持されるべきである。

（Arbeitskreis VI E-Scooter, Krankenfahrstühle, langsame Landmaschinen – ist unser Haftungsrecht noch zeitgemäß? Empfehlung2 （https://deutscher-verkehrsgerichtstag.de/media/Editoren/Empfehlungen/2022_empfehlungen_60_vtg.pdf）。

＋もはやこの類型において低速度の自動車は減っており、危険責任賦課によるこれら車両保有者の責任厳格化の問題は、実際上の意義は低下しているともいえる？（Medicus,DAR2000,443f.;Boollweg/Wachter,NZV2022,S.377f.）

⇔Canarisは、社会的・経済的な観点から、こうした車両の特権化を指摘するが、この理由付けでは、およそ危険責任からの除外を正当化できる状況ではない。

b　Pedelecs（電動アシスト型自転車）

・危険性　電動アシスト型自転車は、StVG で規律対象となる車両ではなく、自転車とされる（StVG1 条 3 項。Greger/Zwickel,RdNr.3.16S.49;Balke,SVR2022,19）。すなわち、この車両は、原動機を用いるものの、人力を前提としており、速度が増すごとに、原動機によるアシストが低減し、一定の速度（24㎞/h）に達すると原動機によるアシストが切断される。速度差という点では、電動キックボードと同様の危険性はあるとも考えられるが、人力を前提とする点で、なお過失責任による規律に服するべきであろう。

＋立法的な解決としては、オーストリア討議草案で示された立証責任の転換された過失責任という規律が適切であろうか。

・付保の可能性　責任保険はかけられないが（EU レベルで、ロビー活動があったとされる）、ドイツでは、すべての家産の83パーセントは私的な責任義務保険を備えており、実際にはこの保険によりカバーされるとされる（Robert Koch, NJW2020,183,185）。

☞ 立証責任の転換が認められるならば、被害者救済の一定程度の確保は可能であろう。

c 電動車いす

電動車いすも自動車となりうるものであって（Balke,SVR2022,19;Ewald Ternig,NZV2022,267,268）、速度制限を考慮しないとするならば、危険責任の規律対象となりうる。

・危険性　重量はある（総重量で 500 ㎏以下とされる）が、速度は遅く（6 ㎞/hのものがほとんど）、他害性の事故は少ないとされる（Looschelders,VersR2022,1476;Kärger, DAR2022,18 ;Bollweg/Wächter,NZV2022,378）。

・付保可能性　電動車いすが、最高速度 6 ㎞/h以下であれば、付保義務を免れるとされる（PflVG2条 1 項6a号。Looscheldesr,VersR2022,1472;Ternig,NZV2022,274.）。しかし、Ternig,NZV2022,274 は、私的な責任義務保険を掛けることはなお可能であるとする。

・別の考慮の必要性

身体障碍者にとって重い負担となるのではないか、社会政策上、危険責任を免除すべきではないか（Looschelders,VersR2022,1476;Bollweg/Wächter,NZV2022,378;Arbeitskreis VI E-Scooter, Krankenfahrstühle, langsame Landmaschinen – ist unser Haftungsrecht noch zeitgemäß? Empfehlung4 （https://deutscher-verkehrsgerichtstag.de/media/Editoren/Empfehlungen/2022_empfehlungen_60_vtg.pdf）

III　比較法の示唆とまとめ

VG1条２項、 FZV2 条）、付保義務を負う（強制保険法 PflVG1 条。６㎞/h以上で走行できるため、付保義務を負う）。そのため、保有者・運転手の民事責任が認められれば、保険による救済（直接求も可能　保険法典 VVG115 条）の可能性が開かれる（Robert Koch, NJW 2020,183,184）。

⇒電動キックボードの利用可能となった当時から、 StVG の規律対象外であることがあきらかであったため、過失責任での対応が重要視されており（ Rainer Heß/Dirk Figgener,NJW-Spezial 2019,585）、実際に近時では「電動キックボードにますます裁判所は取り組んでいる」（Rainer Heß /Michael Burmann, NJW2023,3060）とされる状況であるが、下級審をみると、被害者側に立証責任が課されることもあって、保有者（または運転手）の過失責任（ BGB823 条１項）を否定する傾向にある。（vgl., NJW2020,3121(LG Munster,2020年３月９日 08C272/19); r+s2023,677(AG Berlin-Mitte2023年５月９日 151C60/22); DAR2024,30(OLG Bremen　2023年11月15日 1U15/23) ;Ewald Ternig,Anmerkung,SVR2021,37）

c 実際上の必要性：保有者・運転手の過失の立証は、電動キックボードが StVG の規律に服さないため、立証責任が被害者側に課されており、その立証の難しさにより被害者救済が欠ける可能性があるとされる（Kärger,DAR2022,17f.dazu auch Christian Tomson/Andrea Wieland,NZV 2019 446,448）。

→交通工学上の見地からの運行概念の展開、過失責任による規律の限界から、 StVG に基づく危険責任の規律と責任保険による直接請求による被害者救済の確保を支持する立場が有力となる。

d プラスαの問題

電動キックボードは、バッテリーの充電を必要とし、停車中にそのバッテリーの過熱を原因とする火災そしてそれによる第三者加害の可能性がある。

自動車の自己発火事例について運行に際しての事故と判断する BGH の立場からすると、電動キックボードは StVG の規律対象となるならば、同様の事故は、電動キックボードの運行に際しての事故と評価されよう。

近時、 BGH は、危険責任に服する電動車両のバッテリー火災について、バッテリーが車両から外されて充電されていた場合には、運行に際しての事故ではないとしている（ NJW2023,2279 （BGH 2023年１月24日６ZR 1234/20））。バッテリーを車両につけたまま充電し、火災が生じた場合を射程に含むかは慎重に判断されるべきであるが (vgl., Benjamin Krenberger , Anmerkung, jurisPR-VerkR 13/2023 Anm. 1;Niiklas-Jens Biller-Bomhardt,Anmerkung,NZV2023,315) 、注視すべき状況にある。

③それ以外の車両への（波及的）影響

a 作業機械

・危険性；　速度の遅さによる相対的速度差、車体の大きさ、重量の重さ（Looschelders,VersR2022,1475;Kärger,DAR 2022,17;Balke,SVR2022,18）またこの車両による事故は起きているとされる（ Kärger,DAR2022,18 ）。

・救済の確保の可能性；　付保義務を負う（ PflVG1 条;Looschlders,VersR2022,1475）

→危険責任を課しても、保険による負担は本質的な意味を持たないとされる（ Medicus , DAR2000,444:Karger,DAR2022,19 は、保険料の上昇に対しても被保険者で負担し、より良い被害者の保護のために甘受されるべきとするし、 Bollweg/Wachter,NZV2022,378 はこうした車両による事

は、電動キックボードとそれによる危険性について認識しているが、なお立法対応をしていないことから、速度の遅い自動車は危険は少ないという思想に基づいているとし、立法計画に反した法の欠缺がないことから、StVG7条1項の類推適用を否定する裁判例がみられる（ r+s2023,677 （ AG Berlin -Mitte 2023年5月9日 151C60/22 電動キックボードを止めていた際に、横転し、横の自動車を毀損した事例; dazu auch NZV2022,390(AG Frankfurt a. M. 2021年4月22日 29C2811/20) ）。

⇔危険責任が過失責任と並ぶ一般的な責任の根拠と捉えられるならば、制限的に解釈する必要はないのではないか。とくに交通工学上の観点から広く被害者救済をはかることが可能となっているならば、速度による規律の振り分けをすべき合理的な理由はなく、むしろ当該車両が有する危険性が、危険責任に服する車両が有する危険性と等しい危険性が問題となっているならば、当該車両も危険責任の規律に服するべきと考えられる。被害者からみても、加害車両が、危険責任に服するか否かは偶然に左右され、不利益を受ける立場にないと考えられる（この最後の観点について、 Bollweg/Wächter, NZV2022,378 ）。

☞StVGの規律に服する車両は、いったいどのような危険性を持つものと理解されるのか？

ドイツ法の議論ではこのことが必ずしも明らかではないが、速度の遅い自動車が、交通が展開するなかで、かえって危険性が大きいものという指摘がなされることがある。ここから示唆されるのは、速度差による危険性（相対的速度差による危険性）といえ、交通が高速化し、速度の遅い自動車がそこに参加することで、こうした危険が生じていると考えられる（オーストリア法における指摘として Martin Spitzer）。さらに考慮されるべき要素として、農業用車両や建設用車両で想定されるように、速度は遅いとしても、車体の大きさや重量の重さによる危険性が考えられる。あわせて—分離原則との関係もあるが—付保の可能性も、衡量要素として重要なものと考えられる（オーストリア法でこうしたアプローチが示唆される B.C Steininger,Helmut Koziol ）。

②ドイツ法におけるStVG8条1号の扱いに関するアプローチ

起草者の対応から、 StVG の規律が電動キックボードに及ばないことが立法計画に反した法の欠缺がないとするならば、改正による対応を選択する必要がある。

a 一律削除

→責任免除による特権化を認めるべき車両も、危険責任に服することになる。

⇔電動車いすなどいわゆる弱者に負担を課すことになりかねない？

b 維持しつつ例外的規律を置く

→硬直的な対応になるが、どのような理由で特権化が認められないかが個々の車両で求められることになる（Bollweg/Wächter,NZV2022,378 ）。電動車いすであれば、利用者の保護という観点から、危険責任の規律を排除できるが、電動キックボードであれば、そうした要請は考慮する必要性は低く、危険責任に服するべきとなろう（後述も参照。）。

②電動キックボードへの対応の必要性とその可能性

a 電動キックボードの有する危険性： 最高速度が20km/hであり、車道を走行するならば、相対的な速度差がある。冒頭でみたように、電動キックボードが2019年6月に使用開始となり、レンタル業が盛んな大・中規模都市で事故が増大しているとされる（ Kärger,DAR2022,18 ）。

走行可能区分も日本法と同様に、原則として車道及び自動車走行帯に限定されている。（§10eKF V;vgl.,Marco Schäler,SVR2019,292,295 ）

b 保険による救済の確保の可能性：たしかに、電動キックボードは、 StVG 上の車両にあたり（St

牽引車から切り離されたトレーラーについて、その保有者が危険責任を負うように責任が拡張され、立法的対応がなされた（Greger/ZwickelRdNr.3.24,S.50f.）。

→被害者が牽引車の保有者を探索できず、保護が受けられないことを回避するため、原動機がなくそれ自体で動くことのないトレーラーについても、危険責任を課すこととされた（BT Drs.14/7752 S.29）。また、運行概念が交通工学上の見地から判断されるようになったことも踏まえて、Laws/Lohmeyer/Vinke in: Freymann/Wellner, jurisPK-Straßenverkehrsrecht, 2. Aufl., § 8 StVG (Stand: 01.12.2021),RdNr.25は、立法者が、明示的にトレーラー保有者の責任を根拠づけていないことから、逆に、従前の判例の立場である交通工学上の観点に立った運行理解に基づいた理解に立っているとする。

⇔こうした改正においても、立法者はStVG8条1号には手を付けなかった。とくに、2002年の第二債務法改正では、選挙を控えており、農業団体のロビー活動もあって、この改正自体がとん挫することが懸念され、政府も他の政党もStVG8条1号の改正には手を付けなかったとされる（Christian Huber,Das neue Schadensersatzrecht,2002,§4RdNr.114,S.193; Boollweg/ Wächter,NZV 2022, 370）。また2020年改正は、トレーラー責任の規定を引き継いで19条として新設したものであり（BT Drs. 19/17964， S.9）、そもそもStVG8条1号の改正を視野に置いていない。

②2021年改正によるいわゆるレベル4の自動運転車両の8条1号の適用除外（BGBl2021,S.3108）

レベル4の自動運転が可能となる車両について、運転手なしで特定の運行領域において自動運転が可能となったが、それが可能となる車両は現在の時点で、最高速度が20㎞/hに達しないものである。そして当該車両は自動運転時には運転手がいないため、立証責任の転換を定めたStVG18条が適用できず、保護の欠缺が生じることから、StVG8条1号の免除規定の適用除外とすることで、当該車両の自動運転中の事故についてStVGによる危険責任の規律対象とした（vgl., BT-Drs 19/27439,S.31）。

⇔この改正でも、あくまで自動運転車両のStVG8条1号適用の除外を目的としており、この規定の改正・削除までをも想定するものではなかった。

⇒ある種つぎはぎのような対応は、トレーラー事故や、自動運転車両による事故に対応するための被害者救済の欠缺への対応が重視され、StVG8条1号を廃止することで政治的課題を表面化させないようにしており、非常に現実的な対応をとっていると理解できる。しかし理論的にみると、StVG8条1号の位置付けが不安定な状況にあるといえる。

4 モビリティの進展によるStVGの規律の必要性

①アプローチの確認

いずれの車両が危険責任に服するか、類似する車両において一方が危険責任に服し、他方がそうではないということは、交通法内で深刻な評価矛盾が生じているといえる（Greger/Zwickel, RdNr.22.4,S.542）。ここでは、類似の危険性がある場合には、同様の規律に服するべきという平等原則の発想からこうした評価を支持できよう。その一方で、C-W.Canarisは、危険責任が特別法として立法者により規律されるものであることや、社会的・経済的な理由から、なお類似の危険性を持つ車両間で、危険責任の規律が異なることも正当化されるとする（Canaris,JBl1995,2ff.）。

⇒危険責任が個別列挙主義であり、その類推適用にも慎重であるべきとすると、Canarisの指摘に基づくアプローチは理解できるところである。下級審では、従前の改正を行ってきた起草者

①自動車危険の理解の変化に対応した運行概念の変化

道路交通法 StVG の前身であるKFGでは、自動車のモーターの力を利用する移動、特に高速度を度を重視した**機械工学的な観点**が重視されていた（ RGZ122,270 （1928年11月12日 VI173/28））、判例・通説は、これではあまりに狭すぎるとして、自動車が交通に関与することで生じるその危険から被害者を保護するという視座をもつ**交通工学の観点**に基づいて、自動車の「運行」概念を理解するように変化した（ BGHZ29,163 （1959年１月９日VIZR202/57）;Werner Full, Zivilrechtliche Haftung im Strassenverkehr: Grosskommentar zu §§ 7 - 20, 1980,§7StVG RdNr.61 , S.107; Beck-online.GROSSKOMMENTAR GesamtHrsg: Gsell/Kruger/Lorenz/Reymann Hrsg: Spickhoff ,StVG §7 RdNr.89[Walter]）

→道路に停車中の自動車を原因とする事故も運行に際しての事故として、保有者に危険責任を課す。さらに近時は、駐車場に止められた自動車の自己発火や、修理工場での発火についても保有者に危険責任を課している（ BGHZ199,377 （2014年１月21日 VI ZR 253/13 ）、 DAR2021,87 （2020年10月20日 VI ZR 374/19）及び同日の２つの判決（VIZR158/19及びVI ZR 319/18）

→移動手段としての自動車の危険性から、高度に複雑化し多様化した機械としての危険性をも自動車の有する危険とみるように変化し、被害者の保護を拡張していっている（Piroth/Schmitz-Justen, NZV2020,293,296 ）。

＋ BGH の立てる規範も、規律対象を広範に取ることを可能とするものとなっている。

「運行危険の帰責にとって基準として重要であるのは、事故が、自動車の特定の運行事象又は特定の運行設備と近接する場所的・時間的関係性を持つということ」とする。

これを支える考え方：「継続する判例に基づくと、この責任メルクマールは規範の包括的な保護目的に沿って広範に解釈されるべきである。というのも、StVG7条１項に基づく責任は、自動車の使用によって許された形で危険源が開設されるということの対価だからである。それゆえに、規定（＊報告者注 StVG7条１項）は、自動車交通により影響を受けるすべての損害経過を包摂しようとする。これに基づき、この点で必要となる評価的考慮をすると、損害事象が自動車により（共に）刻印づけられている場合に、〔当該〕損害は、すでに自動車の『運行に際して』生じているのとされるのである 。」

②速度制限を規律するStVG8条１号との不整合性

交通状況の変化、技術革新を踏まえて、交通工学的な見地から運行概念を理解し、ここで速度危険を重視する必要がなくなったとすると、もはやStVG8条１号の規律は意味を持たないのではないか。

＋交通が高速度化する中で速度の遅い自動車が交通に関与することは、かえって危険性が大きなものとなる（Medicus,DAR 2000,344 ; Hans-Josef Schwa,DAR 2011,129;Looschelders,VersR2022,1475（農作業・建設業用の車両についてMichael Burmann/Rainer Heß/Kartin Hühnermann/Jürgen Jahnke, Straßenverkehrsrecht,27. Aufl., 2022， §8RdNr.2［Heß］;Rüdiger Balke, SVR2022,18）

＋α　速度の遅い自動車を危険責任から解放し、優遇することは、基本法 GG に反し平等原則に反するという見解（ Schwab,DAR 2011,130 ）と、不平等の取り扱いが直ちに平等原則に反するものではなく、こうしたアプローチに対し慎重な立場を示す見解（Looschelders,VersR2022,1475）があり、憲法問題として取り上げるか否かの問題がある。むしろ、民事責任の問題として、民事責任の解釈論のレベル、考えていくことが肝要であろう。

3 立法対応からみたときのStVG8条１号の異質性

①2002年改正によるStVG7条の改正（ BGBl2002,S.2674 ）及び2020年改正による StVG19 条の新設（ BGBl2020,S.1653 ）

4 比較法アプローチ

日本に先駆けて電動スクーターが普及するドイツでは、車両保有者の危険責任を定める道路交通法（ StVG ）が、規律対象とする車両の最高速度を20㎞/hに限定しており（StVG8条1号）、E-Scooter（電動キックボード）による事故は、危険責任による規律に服していない。これまでも、最高速度制限に対する批判が学説を中心として強まっていたが、モビリティの進展による事故の増大を前にして、その必要性が意識され、2023年1月に開催された第60回ドイツ交通法曹大会Deutscher Verkersgerichtstagでもテーマの一つとして取り上げられ、電動キックボードを危険責任の規律対象とすべきとする立場を支持している（Arbeitskreis VI E-Scooter, Krankenfahrstühle, langsame Landmaschinen – ist unser Haftungsrecht noch zeitgemäß? Empfehlung 3 （https://deutscher-verkehrsgerichtstag.de/media/Editoren/Empfehlungen/2022_empfehlungen_60_vtg.pdf））。

学説においても、速度制限の意義、新しいモビリティがもつ危険性の特徴を踏まえた議論が活発化している。上記問題を抱える日本法に対し、ドイツ法における近時の状況は一定の示唆を与えるものと考えている。

II　ドイツ法の状況　（ BGH のバッテリー事故の追加、下級審の状況　事故状況の更新）

0 前提　2022年の交通事故の状況について

電動スクーターの事故件数は8260件、うち36.2パーセントが単独の事故

全交通事故件数で人損が問題となったのが288000件であり、そのうち電動スクーター事故が2.9 パーセント（2021年は 2.1 パーセント）

（https://www.destatis.de/DE/Presse/Pressemitteilungen/2023/05/PD23_N028_462.html#:~:text=Insgesamt%20registrierte%20die%20Polizei%20im,verletzt%20und%207%20651%20leicht.
https://www.adac.de/news/e-scooter-unfaelle/）

1 StVG8条1号の正当化と限界

同規定は、平らな道路上で、最高速度20㎞/hを超えない車両について、StVG7条に基づく危険責任の適用を否定する。

・速度制限の趣旨－自動車法（KFG）制定過程における歴史的な経緯

1909年に施行された自動車法KFG（ RGBl.1909,437 ）において、自動車における危険責任は、原動機による高速度を原因とするものであるのに対し（Autoraserei に対処するための法律と理解されていたようである。 Reinhard Greger/Martin,Zwickel, Haftung im Straßenverkehr,6.Aufl.,2021, RdNr.22.4,S.542 ）、低速度の車両は、危険性が、馬に引かれた荷馬車と同程度の危険であって、危険責任に服するべき危険性をもたないとされた（ vgl.,Verhandlungen des Reichstages Bd.4 Nr.264 S.3247 ）

＋制定当時の陸軍の戦争遂行時のトラック運送の必要性から、トラックがそれほどの速度で走行できなかったことを踏まえて、最高速度20㎞/hに達しないトラックを危険責任の規律対象外とし（その後、1923年にトラックという制約を外して、速度制限のみを維持した。1952年にStVG（BGBl1952,S.837）に移行する際も、その規律が維持された（ vgl , Dieter Medicus ,DAR2000,442,443;Boolweg/Wächter,NZV2022,370;Dirk Looschelders,VersR2022,1469,1470; Jost Hennig Kärger,DAR 2022,16,17 ）。

2 StVG7条「運行に際して」の要件の解釈論の展開によるStVG8条1号の規律の限界

故を起こした場合と特定小型原動機付自転車が特例特定小型原動機付自転車として歩道を走行できる場合に事故を起こした場合とで扱いが異なるがそれはどのように正当化されるか。またこうした検討から、波及的な影響が生じる場合にどのように対処すべきか。

設例1　Aは電動キックボード甲を所有している。Aは甲を公道で使用中、歩行者Bと接触し、Bに大けがを負わせた。

設例2　Aは電動キックボード甲を所有している。Aは甲を駐車場に駐車していたところ、甲のバッテリーから出火し、爆発した。付近を歩行していたCにやけどを負わせた。

設例3　Dは、荷物輸送用の遠隔で操作できる小型車両乙を所有し、それを用いて歩道で荷物を運送していた。その際、歩行者Eと乙が衝突し、Eに大けがを負わせた。

設例4　Fは、高齢で足腰が弱り、電動車いすを利用していたところ、歩行者Gと接触し、けがを負わせた。

設例5　Hは、自身が保有する農耕用の作業車両で、農作業に向かうため道路を走行していたところ、石を跳ね飛ばし、すぐそばの歩道を歩行していた歩行者Iにけがを負わせた。

設例1において、被害者Bは、Aに対し、自賠法3条に基づき、運行供用者として損害賠償請求が可能であり、かつ自賠責保険を付保していれば、自賠法16条1項に基づき、直接に自賠責保険者にその填補を求めることができる。また設例2でも、仮に、電動キックボードの運行による事故と評価できるならば、同様に被害者Cの救済が可能となろう。

これに対して、設例3では、被害者Dは、Cに対し、民法709条・715条に基づき、不法行為責任を追及できるが、自賠法の規律対象ではなくまた自賠責保険が掛けられないため、Cが任意保険を掛けていなければ、保険による救済が難しい。

設例4では、電動車いすは、道路運送車両に当たらず、自賠法の適用対象ではない。そのためこれによる事故は、民法709条で民事責任が判断されることになる。

設例5では、自賠法2条に明示されるように、農耕作業用の小型特殊自動車は、自賠法の規律を免れ、また自賠責保険（強制保険）の付保を免れているものの、時速35㎞/hを超える速度を出せる農耕作業用の自動車は自賠法の適用を受け、自賠責保険の付保が強制される。

⇒原付自動車や特定小型原付自動車よりも高速で走行可能な自動車であっても、自賠法の適用及び自賠責保険の適用を免れている。農作業用機械が公道で走行可能であるとしても、時速35㎞/hを超える速度で走行できるものでなければ、設例3と同様の問題が生じよう。

☞自賠法における運行供用者の危険責任を正当化する自動車危険とは何か？

自賠法は、「日本法上もっとも典型的な危険責任といえる」とされる（橋本佳幸＝大久保邦彦＝小池泰『民法Ⅴ事務管理・不当利得・不法行為〔第2版〕』（有斐閣 ,2020年）309頁［橋本佳幸］)。

→自賠法上の「運行によって」は、まさに、自動車の有する固有の危険性を責任の根拠とし、以て運行供用者に帰責する要件であるが、ここで規律対象となる危険性は、自動車が走行している場合に限らず、駐停車中の事故（例：乗降）、自動車に設置された作業機械・設備に起因する事故も、包摂されうる。

⇒何を以て自動車の有する危険性とするか、その基準やメルクマールを明らかにするのは難しい状況にあるが、より速度の遅い特定小型原動機付自転車がこれに加わるとますます難しい状況となろう。

☞ 自動車のなかで、どのような理由付けをもって、自賠法適用から除外され、また、自賠責保険の付保を免除されているかを明らかにする必要はないか。今後さらなる技術革新があることを前提とするならば、自賠法の規律対象とする自動車の固有の危険性がどのようなものを明らかにすべきであり、そのためのメルクマールや衡量要素を明らかにする必要はあると考えられる。

・自賠責保険の加入義務（自賠法5条）

b 遠隔操作型小型車

→歩道上を走行する車両として、現行において歩行者として扱われる電動車いすと同程度の危険性を有するものとしてこの類型を創設

・大きさ　電動車いすと同程度の大きさとされ、長さ 120 ㎝、幅70㎝、高さ 120 ㎝（センサー部分を除く本体のみの大きさ）

・速度　6 ㎞/h

・走行場所　歩道（歩行者と同様の交通ルールに服する）

・保険　義務ではない（国会審議でもこの点は特に示されていない。）

日本損害保険協会によると、遠隔層型小型車は道路運送車両法の規制対象である運送車両に該当しないと考えられるため、自賠責保険の対象とならないとされる。（https://www.sonpo.or.jp/insurance/jibai/kogata.html）

大手保険会社（東京海上、三井住友海上、損保ジャパン）も同様の対応である。

（以上は、上原啓一「道路交通法改正内容と主な国会論議－レベル4の自動運転の実現に向けた制度の創設、電動キックボードの交通ルールの整備」立法と調査 449 号3頁以下、佐藤典仁「自動運転レベル4と電動キックボード等の新しいモビリティ実現のための道路交通法改正の方向性」NB1215 号47頁以下を参照し、民事責任に関連するものをまとめたものである）

3 問題意識の整理

新しいモビリティの要請と規制とのバランスを図った立法といえるが（新しい車両の交通への積極的関与を認めるとともに、責任負担の強化・厳格化でバランスをとったともいえる）、国会審議（第 208 回国会衆議院内閣委員会第19号（2022年4月15日開催）、第 208 回国会参議院内閣委員会第9号（2022年4月12日開催））では、交通ルールの整備や安全教育に議論が集中し（国会の審議をみるとモビリティ導入の危険性の高さを考慮して改正それ自体に反対していたのは、日本共産党とれいわ新選組だけのようである）、民事責任に関する議論それ自体に対するはあまりなされていないようである。また立法に大きな役割を果たした国土交通省及び警察庁それぞれの有識者会議でも、民事責任による規律はそこまでの議論がなされていないように、報告者がみた限りで見受けられる。

⇒特定小型原動機付自転車の民事責任について、原動機付き自転車と規律を揃えていることから、その特性を取り立てて意識する必要はなかったか。また、遠隔操作型小型車は電動車いすと同じ規律で後者が現行でも歩行者とされることもあってか、民事責任の厳格化は意図されていない。

原動機付自転車と性能・機能が類似する電動キックボードをあらたに自賠法の規律対象としたが、現在の交通では、電動車いすや電動アシスト式自転車等の電動車両も多く用いられているし、最高速度6 ㎞/hまでの歩道を走行する配送用ロボット（遠隔操作型小型車）の登場も予想される。

☞電動キックボードを原動機付自転車から類型的に取り出して、保険義務を課し、民事責任を厳格化することはどのように正当化できるか。

正当化できるとして、なお類似の機能や危険性を有すると考えられる電動車両にそうした責任規律を及ぼす可能性はないか。特に今回の改正の対象となった遠隔操作型小型車が、歩道で事

個別報告１

技術革新によるモビリティの多様化と民事責任法の対応―ドイツ法に示唆を受けて

交通法学会　個別報告レジュメ　中央大学法務研究科　前田太朗

0はじめに

技術革新により、モビリティが多様化し、利便性が増す一方で、事故発生の可能性も高まる。日本では、道路交通法（以下、道交法とする）改正に伴い、新たな車両が自動車損害賠償保障法（以下、自賠法）の規律対象となった。しかし改正までの議論をみると、危険責任に服すべきとされた車両とそうでない車両との区別は必ずしも明確ではなく、このことで、実際に損害が生じた場合に、被害者の救済アプローチの相違が生じうることになる。

I　道路交通法等の法令の改正による電動スクーター等の自賠法による規律の概要と問題意識の整理

1前提　新しいモビリティの登場とその活用の必要性

ラストワンマイル、観光等での移動手段、自治体・公共交通機関による利用の取り組み、電動三輪車両の開発の進展で、年齢層を問わない活用の可能性が広がることを踏まえ、今回の改正において、原動機付自転車のうち、性能上の最高速度や大きさが自転車と同程度のものを原動機付自転車から切り出して、自転車と同様の交通ルールを定め、このことで守るべき交通ルールが明確となり、その内容の周知徹底によって、交通秩序の確立につながる。（第208回国会参議院内閣委員会会議録第9号4頁に挙げられる南芳伸政府参考人（警察庁交通局長）発言）

また自転車とは異なり原動機付きであることから、原動機付自転車と同様に道路運送車両の保安基準が課され、責任義務保険も課すことで、安全の確保と被害者の保護を考慮したものとする（同16頁に挙げられる南政府参考人発言）。

Θ事故状況　令和4年度の電動キックボードの事故は41件であり、うち死者1名　負傷者76名とされる。さらに、相手車両として、令和2年度から4年度までの総計であるが、四輪31件、自転車14件。歩行者8件、二輪3件、単独事故24件とされる。（https://www.npa.go.jp/publications/statistics/koutsuu/jiko/R04bunseki.pdf）　また、警視庁によると、令和5年1月末から7月末までにかけての資料であるが、他の二輪車量よりも単独事故の割合が多いとされ（約41.7パーセント）、さらに車両相互等の事故も58.3パーセントを占めているとされる。（https://www.keishicho.metro.tokyo.lg.jp/kotsu/jikoboshi/torikumi/kotsu_joho/kickboard.files/202308.pdf ）

登録台数　不明であるが、年間2万台程度（推計）供給されているようである。（https://www.meti.go.jp/policy/mono_info_service/mono/seikatsuseihin/mobility/fy2021_houkokusyo.pdf）

2改正の内容（民事責任に関係するものの抜粋）

a特定小型原動機付自転車

→一般原動機付自転車から自転車と同じ大きさのものを取り出す

・車両の大きさ・幅　190 cm ×60 cm　普通自転車と同じ程度とされる

・定格出力　0.6 ｋｗ以下（一般の原動機付き自転車は 0.6kw を超えるもの）

・最高速度の明確化　20km/h　（一般の原動機付自転車は30km/h以下）

＋さらにこれが最高速度6m/hでの走行に限定する機能をもつならば、電動車いすと同程度の性能から、特例特定小型原動機付自転車として、歩道の通行可能が可能とする。

・通行可能場所の明確化　車道通行を原則とし、特定の設備を講じ一定速度以下（6km／h以下）の走行が明確化できる場合に、特例特定小型原動機付自転車として歩道での走行を可能とする。

・これら車両の免許を不要とし（16歳以上）、ヘルメットの着用を努力義務とする。

報告2　国連における交通安全への取り組み

司会　肥塚肇雄
（理事・早稲田大学教授）
報告　佐藤昌之
（特定非営利活動法人ITS Japan 法務主査）

司会・肥塚　個別報告を始めたいと思います。個別報告2は、特定非営利活動法人ITS Japan法務主査の佐藤昌之様から、「国連における交通安全への取り組み」というテーマでご報告いただきます。司会者を仰せつかっています早稲田大学法学学術院の肥塚肇雄でございます。どうぞよろしくお願いいたします。

慣例によりまして、佐藤昌之様のご略歴を簡単ですけれども、ご紹介させていただきます。

佐藤様は、早稲田大学で法学部をご卒業され、本田技研工業株式会社に入社、法務部に所属され、その後、欧州の駐在員、アメリカの駐在員を経て、公益財団法人自動車製造物責任相談センターの事務局長に就任されました。その後、現在の特定非営利活動法人ITS Japan法務主査としてご活躍中です。

また、併せて、東京大学次世代モビリティ研究センターのシニア協力員を務められ、現在も一般社団法人日本ADR協会理事も兼務されておられます。

佐藤様は、二〇二二年三月にジュネーブで開催された国連のWP．1道路交通安全グローバルフォーラム第八四回の会合から八七回の会合まで連続四回にわたりキーノートスピーカーとして招聘され、報告をされておられます。わが国ではどちらかというと、WP．1の議論よりもWP．29の情報の方が非常にいろいろと知れ渡っておりますので、WP．1の議論はなかなか私たちのほうには伝わってきていないところがございます。

本日は、国連で佐藤様が報告されました内容を発表していただくということではなく、ＷＰ．１における交通安全についての議論をご紹介していただきまして、わが国の交通安全についての示唆を与えていただけたらと思っています。それでは、佐藤様、よろしくご報告をお願いいたします。

ありがとうございます。今ご紹介に預かりました佐藤でございます。

これからの話は、精緻な法律議論では全くなくて、もっともっと大まかなというか、偉そうに言うと大所高所からの全世界的な動きに関するものですので、流すような感じで聞いていただければいいのではないかと思っています。

それでは早速始めさせていただきます。国連というといろいろな組織があるんですけれど、大きいものはここにあるとおり、「総会」、「安全保障理事会」、「経済社会理事会」、「信託統治理事会」、「国際司法裁判所」です。一番よく聞くのは「安全保障理事会」で、大して機能していないじゃないかという気もするんですけれども、実際、他にもいろいろな組織があって、特に「経済社会理事会」というのが非常に重要な活動をしています。これがそれぞれの地域に委員会を持っており、その中の「欧州経済委員会」という組織内に「内陸輸送委員会」というのがありますが、これが全世界の道路交通に関する議論を先導し、先行して進めています。そして、その下部組織としてＷＰ．１「道路交通安全グローバルフォーラム」という会議体があり、これに私が呼ばれて出席してきたのです。

それから皆さんはよくご承知かと思いますが、ＷＰ．29という作業部会があり、これは技術的な基準調和などを議論しているところです。地理的には、ニューヨーク、ジュネーブ、ウィーン、ナイロビに大きな事務所があり、私は、ジュネーブの事務所に呼ばれて行ったということです。

WP．1「道路交通安全グローバルフォーラム」ではかなり本質的な議論をやっています。参加メンバーですが，国連機関及び非政府組織の代表ということで，WHOとかISO，それから自動車に関していうとOICA等です。これらの組織は，WP．1で今後の道路交通がどうなっていくのかが検討され，それを基に技術的な議論に進んでいくという流れをちゃんと理解していて，より早い情報収集のために参加しているということを我々は理解すべきだと思います。

これが今回のWP．1の議題なのですが，さっき申し上げたWP．1の上位団体，「ITC（内陸輸送委員会）からの勧告と決定」，「道路交通に関するウィーン条約関係事項」，「将来の道路交通に関する主要な問題」，「自動運転車両に関する新しい法的文書」，そして「道路標識及び信号に関するウィーン条約関係事項」等々があります。これらを大きく括りますと，「ITCからの指示事項」，それから「ジュネーブ条約，ウィーン条約関係事項」，日本の場合はジュネーブ条約にのみ入っていますけれど，そして「既存テーマの推進，報告等」になります。これらの検討が半年に一回行われているわけです。そのような中で私がどのような発表をしてきたかということについて，まずは軽く触れておきます。

・責任ある社会的受容：佐藤発表

私は，「責任ある社会的受容」，つまり技術革新があり，革新された技術を一刻も早く自分たちで享受するためには，メーカー等に全てを任すのではなくて，社会も努力をすることが必要であるということを柱に発表をしています。今回は，今，時代が変わりつつあり，今までの交通参加者に強靱な者と脆弱な者がいるとするならば，「自動車」が強靱な者であって，それ以外が「脆弱な者」というふうに分けられていたようですが，もうそういう時代ではなく，「自動車」と「自転車，電動キックボード等のパーソナルモビリティ」と「歩行者」，この三つのカテゴリーで交通参加者の脆弱性を再分類すべきである。そして道路というのは限られた交通空間なので，ここに参加するためには参加原則を理解して遵守すべきだという発表をしました。

　これはそのときの資料なんですが、「先進国に比べて日本の場合は、歩行中と自転車乗車中の死亡者の比率が非常に高い。自転車の保有台数もほぼ自動車と同じくらいになっている。特に最近は、電動自転車の比率が高くなっている。全交通事故が一〇年間で三割減となっているのに、自転車対歩行者の事故は逆に三割増えている」という現状を話して、今まで歩道は生活空間の延長だったが、最近はパーソナルモビリティが増えて、歩道も交通空間になりつつあると。従って歩道に入るときには交通空間に入るのだと用心して入るべきである。その結果、歩行者等の物陰からの飛び出し等が減少すれば、交通安全、更に自動運転車の導入などにも寄与するということを伝えました。

・Eスクーターの持続可能性：ミラノ工科大学発表
ヨーロッパではEスクーター（電動キックボード）が、数年前から交通安全上の大問題になっています。今回もイタリアから「パーソナルモビリティは持続可能なものなのか」というテーマで発表がありました。Eスクーターの安全性に関する発表です。つまり速度や質量の異なる交通機器が道路空間を共有したことにより、相当数の事故が発生しているという現状に関する検討です。

　これがそのときの資料で、「イタリア全土のシェアード・Eスクーター台数の伸びですけれども、二〇一九年から二〇二一年の三年間で四、六〇〇台だったのが、四五、〇〇〇台になったと。それからイタリア全体で、関連する事故件数が二〇一九年には五、三〇〇件だったものが七、〇〇〇件にまで増加した。ミラノは特にひどく、同じ期間で事故件数が九九二件から一、七〇〇件にまで増加している」という状況で大問題になっています。これは別にイタリアだけでなくて、ドイツ、フランス等、主要な国々は大体、皆同じような経験をしています。

ケーススタディによると、Ｅスクーターのユーザー自体は、Ｅスクーターの危険性をミドルクラスだと評価していますが、ノンユーザー、一般の人は、非常に危険だと一番高い比率で意識しています。日本よりヨーロッパのほうが道路環境に恵まれていて、自転車専有路が結構多いので、そこがよくＥスクーターに利用されていますが、自転車専有路がない場合は、禁止されていても車道を突っ走るＥスクーターがいるのが問題であるというのが、イタリアの分析です。

結論ですが、Ｅスクーターの走行ではルールが広く無視されているので、「ナンバープレートは、絶対必要」。それから事故では頭部に衝撃がくるので、「ヘルメットの着用も義務付けるべき」。走行上重要な要素なので、「スピードも舗装道路とか気象条件に応じて調整する」。そしてＥスクーターと車両では道路の共有が困難なので、今後のインフラ整備をするときには「車道」、Ｅスクーターのような「パーソナルモビリティ専用道」、そして「歩道」、この三つに分けていくべきだということを提案しています。

・自動運転車両の安全性のための人的要因の原則と手順：カナダ発表

これは、ヒューマンファクターと自動運転に関する提案で、これが今回の一番の目玉です。皆さんのお手元には一覧がありますので、後でじっくり読んでいただきたいと思います。これが何かというと、自動運転車の安全設計のためにはヒューマンファクターが重要であり、これを正しく反映させなければいけないという考えで、カナダが提案してきています。ヒューマンファクターというのは、「人間の能力と限界に関する知識を、安全性と使いやすさを向上させるテクノロジー設計と評価に適用する学際的な科学」であるとのことです。この提案の構成は前文と定義の後、「ヒューマンファクターの原則」が提案の四の一程度を占めており、「自動運転システムにおける人間中心の設計手順」が更に四分の一程度を占めています。

【ヒューマンファクターの原則】

まずは、対象が手動運転可能な自動運転システムで、これはいわゆるレベル3とかレベル4というカテゴリーの車です。これらの車両には原則として「明確で直観的な表示」と「自動運転実施中にそのステータス情報を継続的に表示する」ということが必要だと。それから、「ユーザーフレンドリーなインタラクション」が必要で、緊急性を伝える状況下では、「具体的に視覚、聴覚、また触覚の組み合わせで伝えるべき」であると提案しています。これは既に多くのメーカーがこのような方法を取っています。

それから、「自動車の制御移行はスムーズに」ということで、フォールバックユーザー、要するに運転者が、運転から離れて場合によっては携帯などをいじっているような場合ですけれど、そういう場合でも何らかの役割があるのであれば、それを「適切に運転者に通知する」。そして、「役割に変更がある場合はそれも通知する」。それから、人間とドライバーの間で自動車の制御を移行するためには、「シンプルな手順」で行い、そのための「充分な時間を提供する」。それから、「フォールバック ユーザーをしっかり監視をするシステムを導入し、運転を再開できるかどうかを確認する」、そういった手順を踏むような設計にすべきと提案しています。

それから信頼性と透明性の観点から「ユーザーの役割と責任を明確に示す」。それからここですね、「自動化の仕組と制限、＝ここが限界で、ここまでいったら自動運転では対応できない」ということもちゃんと伝える。その上で「信頼性を育成する」。それから、「自動運転車の意図とアクションを常に明確に伝える」ということがきちんと書かれています。

レベル3、レベル4の「自動運転中の明確で直観的な指示」ということで、「自動化モードとステータス情報を継続的に表示する」こととしています。

「機能制限に関するトレーニング」として、「自動運転の安全性に関するトレーニングについては、書面だけでなくサポートを提供する」。それから、「ドライバーの責任と介入」、重要なポイントですが、「運転者の介入が必要になる可能性のある制限事項についての情報提供」。これについてメーカーは、あまりやりたくないものと思われます。つまり、この車では、このような場合には、ここまでしか対応できないという限界を明確にしなければいけないわけですから。でも、事故が起きるとしたらここです。それから、「障害と警告の検知」ということで、「自動運転というのは、緊急時であっても、ユーザーの即時介入を期待してはならない」とあります。これはそのとおりなんです。これを明確に言ってくるというのがなかなか。あとは「システム障害、緊急時のユーザー対応について、明確な指示を提供する」。

それから、「アクセシビリティと公平性」ということで、「身体的障害があるユーザー等にもちゃんと対応できるようにユーザーインターフェイスを設計する」と提案しています。

そして、レベル5、手動運転をしない完全な自動運転については、次のような設計の原則が提示されています。「明確で直観的なインターフェイス」、それから「乗客による制止を整備する」つまり乗客が場合によっては車両を停止させることができるように車をつくらなければいけない、そのために「すべての乗客が制御とディスプレイにアクセスできるようにする」ということを提案しています。また「透明性のある情報」ということで「車の作動を明確に理解できるよう表示して、乗客がそれを利用できるようにしておく」ということも述べています。

車内だけじゃなくて、「他の道路利用者との相互作用」という項目もあります。つまり他車、歩行者、自転車その他との意思疎通ですね。これらとの関係についてどうすべきかということも提案しています。「道路利用者が、自動運転車の作動を予測できるようにする」。要するにすでに確立されたルール、規範等に従って車両が作動しなければいけないということです。

逆に「突然また不安定な行動は避ける」。それから、「コミュニケーション手段」として、外部への意思表示用に外部ディスプレイを備えるべきだと言っています。そしてそこには「標準化された合図、信号、表示を使用」とあり、これは今各メーカーがそれぞれに独自にデザインしているんですけれど、もし、それらが条約等により標準化されたら、その標準化されたデザインに変更せざるを得なくなるので、国連ＷＰ．１にはアンテナを張っておかないと大変なことになるのではないかといつも危惧しています。

更に「歩行者からの手信号や自転車からのジェスチャーなどに応答できるメカニズムを作成する」ことまでを要求しています。続きます、「道路を共有する」ということで「交通弱者と安全に交流する」、「道路工事とか緊急車両には安全に対応する」。そして「自動運転と安全にやりとりする方法について教育的取り組みを展開する」。ここまで緻密に書かれています。

【自動運転システムにおける人間中心の設計手順】

例えば「ユーザーの責任割合を明確に確立する」とか、「仕様に関連した危険を特定して軽減する」。「関連するガイドラインを参照する」。それから「自動運転モードとユーザーインタラクションを定義する」こと等を仕様に入れるべきだと言っています。更に「間違いと誤用を特定する」とのことで、予見可能な間違いや誤用をあらかじめ調べて特定しておくことを提案しています。

あとは、先ほどの「エラーを回避するためにユーザーと自動化の両方の役割を設計する」。更に「デザインにおいてユーザーの多様性を考慮する」ということを入れています。評価とテストについても細かく書いていまして、「年齢や経験などの要素を考慮したユーザーテストを実施してＨＭＩを検証する」。それから「現場のパフォーマンスを継続的に監視する」。そして、「運転者がどんなことを自動運転中にやるかを検討し、それをベースに運転を引き継ぐまでの時間を理論づけておく」こんなことまでを提案しています。

加えて「現実的なテスト環境を使用する」。そして「人間中心の開発とテストのプロセスを文書化する」、徹底的にプロセスを文書化せよと強調していまして、この辺、今まで日本のメーカーが少し得意じゃなかったところなんですけれど、製造物責任訴訟にでもなれば、これがないと戦えませんからこの辺なども盛り込んであることは大いに参考になります。

結論ですが、この【ヒューマンファクターの原則】と【自動運転システムにおける人間中心の設計手順】は、自動運転車を設計するためのロードマップとして非常に有益であり、特にヒューマンファクターを反映させるために役立つ、これがポイントですね。「手動運転を許可する自動運転車にとって運転者に対するインターフェースは非常に大切であり、また、他の道路利用者との安全なやりとりも重要である、手動運転を許可しない自動運転車については乗客のアクセシビリティが重要である」というのが主旨となっており非常によくまとまっています。これはこれから出てくる自動運転車を評価する指標にもなり得るかなと考えられますので、継続的に研究が必要だと思っています。

・自動運転に関する新しい法的文書の起草に関する専門家グループの活動：LIAV（Legal Instrument on the use of Automated Vehicles in traffic）発表

次のテーマですけれども、「自動運転に関する新しい法的文書の起草に関する専門家グループの活動」についてです。これが何かというと、自動運転に関する新しいジュネーブ条約を作ろうという動きがあって、これを検討するグループが原案を検討しています。これが条約になり、批准されると、必ずそれに沿わなければいけないわけです。それはいい面もあれば、なかなか難しい面もあると思います。もう既に、技術的調和を議論するWP．29とは整合を進めているらしいのですが、原案についてはまだ内容が一般には漏れてきていないので、難しいのですけれども、この活動を見張っておかないといきなり新しい自動運転のジュネーブ条約ができ、日本も批准し、みんなそれに従いなさいという状況になる可能性があります。

これに対して限定条件を付けようと頑張っているのがカナダとアメリカです。今回は、そこに日本も加わり対抗していることが報告されました。その主張は、「この法的文書は、ジュネーブ条約、ウィーン条約、その他の国連条約や協定に基づくいかなる締結国の権利や義務も妨げるものではないと期待されている」とのことで、要するに、締結国の権利を制限するなというものでした。そのためこの法的文書の形式は条約にしないでほしいというのが今回の提案をした国々の意向なんだろうと思いました。

この議題については、もう少し長く検討しましょうというのが今回のＷＰ．１での議論の結果でした。

・内陸輸送における温室効果ガス排出削減に関するＩＴＣ戦略の進展：内陸輸送委員会発表
次に、今回の会合で上位団体ＩＴＣから提示された新しいテーマです。「内陸輸送において温室効果ガスをどう削減するか」という目的のもので、内容は「温室効果ガスの削減のための戦略文書を作り、やるべき優先行動を盛り込んで、二〇二四年度、つまり今年中にそれをまとめ、以降は、隔年でその成果について報告するように要請する」というものです。

このテーマについては既に推進項目がＩＴＣで作成されています。それは、「気候変動に関する目的、公約、解決策、達成支援のためのそれぞれの法的文書の改正」、それから「削減に貢献する性能要件と法的手段の検討」等です。そして具体例として、「利用可能な場合は自家用車から公共交通機関への切り換え」という対策を出しています。それとやはり「電力網と貯蓄リソース」の整備がポイントになってくるようです。

そして、作成する戦略文書の草案骨子も大体できていまして、ここにあるとおり「ビジョンと使命」、「戦略目標」、「管理手段」、「優先事項のリスト」、「パートナーシップ」、こういうような構成で道路交通関連の温室効果ガス対策というのが出てきますので、これが出てきた場合、多分条約にはならないものの、勧告ぐらいになると思われるので、それに対する対応というのが必要になってくると思われます。

・運転免許証：国際自動車連盟発表

運転免許について、少し興味深い動きがありますので、ご紹介しておきます。運転免許については、今は紙というか、プラスチックというか、物理的に発行されていますけれども、これをデジタルで発行しようということが数年前からＷＰ．1で議論されています。これを推進したいのはヨーロッパの国々です。やっぱり多数の国と接する国境問題というのがあります。

そして、「セキュリティのためマイクロチップが入っている運転免許を導入している加盟国はまだ少なく、不正リスク軽減のためにはセキュリティ強化をすべきだ」と。また、「マイクロチップのかわりに物理的な運転免許にデジタル署名のＱＲコードを要求するという方法で不正免許のリスクを軽減する方法もある」と。このような議論が運転免許について進められています。そして「発行加盟国以外では、デジタル運転免許を相互に認識し検証する手段がないというのが現段階での問題である」とのことです。デジタルの運転免許の相互検証を行う場合には標準のプロトコルが必要で、それができると、今は各国国内用の免許とインターナショナルの免許の（日本もそうですけれど、）二本立てになっていますけれど、これが一本化できるというようなことまで議論されています。

これについては、ＦＩＡ（国際自動車連盟）なども賛成のポジションで、そのための問題点を検討材料としてあげています。例えば、「政府がどのように検証するのか」、「標準的な申請手続をどうするか」、「電子登録データの正確性と安全性を保護するためにはどうするべきか」、「もしそれを発行するところが、単一の有料プロバイダとなれば、国連の精神に反してしまうのではないか」等の疑問を提起し、これらの疑問をクリアにすることで推進していこうということなので、今後運転免許は「デジタルでインターナショナル」という方向に進められていくものと思われます。

・運転に関する遠隔活動について：

ドイツ連邦デジタル交通省及びノッティンガム大学発表

遠隔運転についても発表がありました。遠隔運転については、イギリスが非常に熱心に進めていまして、二〇一七年に取組開始が指示されて、二〇一九年には決議草案を提出しましたが、このイギリス案は決議されず、議論が続いています。そして、二〇二一年にはドイツが参加を表明し、今イギリスとドイツ共同で遠隔運転に関する定義や措置に関する検討が進められています。元のイギリス案の主要な項目を少し並べますと、「適用範囲」、「従来型及び自動運転の遠隔運転」、「遠隔運転システムの要件」、「遠隔運転者」、「サービスプロバイダの要件」、「開発者／製造者への要件」、「責任」等です。例えば、「製造者への要件」には「ヒューマンマシンインターフェイスの設計が人間の必要性と限界の適正な評価に基づいていることを確認すること」などが例示されております。

今回の会合でドイツは、「国外に遠隔運転を行う事業者がいて、そこで遠隔運転を行っている、ところが、国内で事故が起きたときに対応が困難ではないか」という点、つまり「遠隔運転のエージェントは車両の管轄外から車両を操作できる。そしてこれについては、規制当局の注意が必要だ」ということを強く主張していました。

またドイツが参加して検討を進めた結果、「遠隔運転、遠隔管理を統合」、「業界に接触し、フィードバックを反映」したとのことでした。更に締結国への勧告についても検討をしているとのことですから、これは勧告を目指すという方向性が見えています。

内容についてですが、例えば「遠隔支援」と「遠隔運転」の定義については、「遠隔支援というのは動的制御もあるが、車両内外の安全サポートもある。具体的には車両状況の監視、車両内部の監視、それから故障の管理等々がある」。それと違って「遠隔運転は、車外から即時かつ安全性を重視した介入を目的として動的制御を実施するので、遠隔運転者はドライバーとみなして運転者の動的制御に対する単独の責任主体として責任を負う」ということが明確に書いてあります。この辺のところもしっかりしてきたなと感じました。

続きまして、リモートに関するノッティンガム大学の研究発表です。遠隔運転について四つの定義をしています。「リモート監視」、「リモート支援」、「リモート管理」、「リモート運転」です。そしていろいろな調査をしてみると、やっぱり「リモート支援」と「リモート管理」が煩雑に発生したものの、「リモート運転」が必要なときというのは本当に稀だったそうです。そして現実ではシナリオが複雑で、いろんなエージェントが存在するので状況認識の共有が重要であったとのことでした。そして運転における人的要因というのは、トラブル、誤用、乱用、様々な問題となっていることから「ネガティブ問題の検討」、「信頼の醸成」等の対策が挙げられていました。

・交通規則保管庫について：国際電気通信連合会発表

国際電気通信連合会が自動運転に関して、道路標識がないところでも使えるような交通規則の電子的保管庫を作ろうという提案をしました。WP．29などでも議論になったのですが、物理的に道路標識があれば自動運転車はそれを読み認識する。ところが標示はないけれど適用される特別な交通ルールが存在するというような場所で、適用される交通ルールを遠隔的に参照できるような電子レポジトリ＝保管庫を作ろうではないかとの提案です。感覚的に言うと、例えば日本では今までは自動車は、歩行者が待機していても横断歩道を普通に突っ切っていたわけですけれど、今は、停止しなければならないことになっていますが、標識に書かれてはいません。また、ローカルで適用されるルールがあるが、それに関する標識がない場合に、自動運転車がどうやって対応するのか。それを可能にするための電子的な交通ルール／法律が参照できるもの（保管庫）を作ろうということです。本件は、議論継続ということになりました。

・ユーロメッド地域における対応について：欧州近隣協定発表

最後、これは少しローカルな話題ですが、全世界的観点からの動きについての報告です。地中海を挟んで対峙する国々についてEUは様々なサポートをしておりますが、今回は交通安全に関するサポートについての報告がありました。ユーロメッド地域、つまり地中海を挟んだアフリカ地域はどの国も交通事故が多いのですが、事故データの信ぴょう性が低いのです。アルジェリアでは二〇一三年、国家報告によると交通事故年間死亡者数が四、五四〇人です。ところがWHOの推定では、それが九、三三七人と大きな違いが生じています。WHOの推定は医者から収集したデータから推定した数値だそうです。他の国を見てもここにあるとおり、八〇％違う（チュニジア）とか、ひどいところは二〇七％違う（ヨルダン）という状況でした。これでは適切な交通政策は打てないだろうということで、EUがパートナー国を援助し、データ収集システムを改善しました。これがモロッコのケースです。モロッコは二〇一八年の交通事故年間死亡者数が三、七八五人（WHOの推定データでは六、九一七人）発生し、二〇二六年までにそれを五〇％減少させるという国家目標を持っています。

モロッコでは地域事故は王立憲兵隊が担当で、市外地事故は国家警察が担当していて、それぞれ独自の形態でデータ収集をしていましたが、今回の活動で、EUはデーターシステムを徹底的に見直し、改善を行いました。それによってリコールとか、交通安全レポートの作成とか、特定のリクエストが実施できるようになったそうです。

モロッコでの活動で見習う点は、関係するすべての利害関係者が関与して当該活動を実施している点で、国家交通安全庁、保健社会保護省病院・外来診療総局、保健社会保護省計画財政局等、交通担当だけでなく医療や保健を担当している組織までが一緒になって対応したことでした。

余談ですが、このときは、パレスチナも地域として参加していたんです。この頃パレスチナは、何と、ちゃんとしたITS戦略や二〇二三年から二〇三〇年までの交通安全のための国家戦略計画も作成済みでした。更に、交通意識ワークショップや学校における交通安全環境の充実化まですすめていたそうです。彼らは発表の最後をこう締めくくりました。「パレスチナには独自の課題がある。領土の主権がなくて、領土のエリアに出入りするゲートをすべてイスラエルに管理されている。ヨルダン川西岸とガザ地区の間には領土の連続性はなくて、直接接続もない。これがプログラムの実行を妨げている。私たちに資金援助を」。これが九月二七日のことで、例の一〇月七日の戦争開始の一〇日前でした。この時はまだ、こんな感じだったんです。少し感傷的な話ですけれど、非常に印象深かったため付け加えさせていただきました。

以上、駆け足になりましたけれども、これにて私の発表を終わらせていただきます。どうもご清聴ありがとうございました。

《質疑応答》

司会・肥塚　佐藤様、ご発表ありがとうございました。それでは、質疑応答に入りたいと思います。ご所属とお名前をおっしゃっていただいてからご質問をお願いいたします。よろしくお願いいたします。

山口斉昭（早稲田大学）　早稲田大学の山口です。非常に面白いご報告で、特に途中のヒューマンファクターとの関係のご報告部分が、非常に面白いなと思いました。そこで、最近、少し私が悩んでいるところをお聞きしたいのですが、それは、自動運転技術が進む中で、人間をどのように位置づけるかという点です。つまり、今までの自動車におきましては、そのユーザーは、自ら運転をするドライバーなので、単なる消費者という、ただサービスを受けるだけの立場の者ではないと考えられていたんだろうと思います。ところが、今後、自動運転化が進んで、運転をしなくなるだけでなく、メンテナンスも、さっき宇都宮先生の質問にあったように、ユーザーがそこに手を付けられないといった状況になってきて、むしろ手を付けるべきでないというような形に移りつつある傾向にあります。すると、自動車との関係において、人間は、それをコントロールするものになるのか、単にサービスを受けるだけのパッセンジャーになってしまうかというところで、それをどのように位置づけるのかによって、今後の自動車の開発の思想などもずいぶん変わってくるのだろうと思うんですね。

そこで、国際的な視点や世界的動きの中で、人間をどのように位置づけるという方向になっているのかについて、何か感触などあれば教えていただきたいなと思いました。

佐藤　ありがとうございます。結論からと言うと、両方です。要するに、自動運転といっても、よくてレベル2、3、4だと。すると人間が関与するときが必ずあるわけです。例えば、自動運転車のほうが、対応が無理だということになって。そうなったときのコミュニケーションがポイントなんです。問題はどうやってそれをスムーズにやれるかというのが第一点、そのときは、それまで乗員だった人間がそこで運転手に変わっていくわけなので、やはりその両方の要素を持っている。

特に、もう一つ必要なのは、対外的に自動運転車がどういう動きをするかについて、他の交通参加者がどう判断するか、自動運転車とどう接触していくか、どうコミュニケーションをとっていくか。この辺のところが課題となるので、そこのところは新しい動きですね。だから、人間の位置づけについてはそんな感じで、逆に広くなっているというふうに思います。

山口　ありがとうございます。その前の、限られた交通空間への参加原則の話については、これまで弱者とされてきた歩行者やパーソナルモビリティについても、今後は、より重い責任を負うべきだというようなご主張だったのかなと思います。そうすると、歩行者などについても、今後自動運転などが関わってくると、相手は自動運転車だからということで、より注意すべきと考えるなど、過失相殺のあり方なども少し変わっていくことになるのではないかと思いました。そのように、自動運転車の受容という社会的な動きの中で、単なる歩行者を含む他の交通参加者などについても、何らかの教育、啓発などをして、より気を付けていくようにすべきなどといった話があるのでしょうか。

佐藤　両方です。簡単に言うと、両方の流れがあって、並行して今議論がされています。要するに人間が別に意識しなくても受け入れられるようにするべきだというのと、人間もここまではちゃんと対応するようにすべきだというのと、両方並立して進んでいまして、どっちの方向というのはまだないですね。

山口　わかりました。ありがとうございます。

司会・肥塚　ありがとうございます。あとご質問ございましたら挙手をお願いいたします。

新美育文（明治大学）　新美です。遠隔運転について伺いますが、ある意味で電気通信などを使って遠隔操作するときには、セキュリティの問題が関わっているわけですが、欧州委員会では、セキュリティをどうするかという議論はなされているんですか。

佐藤　少し今日の中では紹介できていなかったんですが、ちゃんとその辺も含んだ形でイギリスのほうで原案を出していまして、かなり厳しく管理するところまで確かに述べていたと思います。すみません。

新美　ＥＵの思想、電気通信はサーバーをちゃんとＥＵ域内に置かなければいけないという規定があるわけですね。日本などはそういう規制をしていないものですから、域外からディスターブされてしまうとお手上げになってしまうのですが、そういうことについては、国連の中では特に議論していないのでしょうか。

佐藤　国連の中では、逆に言うと自前に置くのが当然のことだというような感覚があると思いますね。もともとの原案というのは、要するにＩＴＣがあって、ヨーロッパでの議論があって、そうするとそこにはＥＵ規則なんていうのは当たり前のように盛り込まれてくるわけです。そのような議論の上でイギリスが進めているものですから、それは既に入れ込み済みの状態で考えていると思います。あとは、何か参照する場合は、ＥＵ規則を参照する等、全部関連付けていますから。

新美　少し心配しているのは、ＥＵのそういう規制に対していわゆるＧＡＦＡなどが抵抗していますよね。これは政治問題になって、アメリカなどはそういうことでEUに対してノーという可能性が十分にあるんですけれども、そういうことも含めて、まさに政治的な話をする。そういう議論はなさっている。

佐藤　まさにそれをやっているんですよ。要するにおっしゃられたとおり、EUが中心になって、ヨーロッパの国が中心になって、こういうようなルールで行こうとなったときに、利害が思いっきり対立するアメリカがちゃんとそこに参加していまして、そこで、ここはこうじゃないかというふうに議論して、そして最終的に妥協にもっていくというのがWP．1の重要な機能です。

新美　ありがとうございます。日本はEUほど力を持っていませんので、日本がどうなるか一番心配ですね。

佐藤　だから日本はきちんとモニターして、どこへどう動くかというのを先読みというか、少なくともくっついてフォローしていくというのが非常に重要だというふうに思っています。

新美　ありがとうございます。

司会・肥塚　どうもありがとうございます。

今回の佐藤様のご報告は、論点が多岐にわたっていて、ヒューマンファクターから最終的には交通事故のデータの収集と正確性まで、およそ七つの論点をご説明していただきました。それが、国連のWP．1のところで議論されているということだと思います。先ほどもご議論がありましたように、例えば、わが国はジュネーブ条約に批准しております。法定の規制が、もちろんアメリカでは州ごとの規制ということですから、なかなかジュネーブ条約について連邦としてのまとまった意見がまとめられないですが、今後、リモート運転についても、国境を越えた形のリモートを行うような形になったときには、国際法上の新しい問題が提起されるように思われます。またウィーン条約は、わが国で批准しておりませんが、デジタル運転免許というデジタル化の問題もありますので、一般的には今後どういう形で対応できるのかということも、今日の佐藤様のご報告を機に議論を深めていければと思っています。本日はどうもありがとうございました。

佐藤様の今回のご報告は学界においても実務界においてもたいへん大きな意義がありますので、後日ご報告をまとめていただけたら幸いに存じます。どうもありがとうございました。それでは個別報告の二つ目を終えたいと思います。

物理的な道路標識に表されていない運転関連の交通ルールの電子リポジトリの作成について

"ADS に関する将来の WP.29 規則では、ADSが走行中、管轄区域の運転関連の交通ルール（規則、法律、またはその他の法的手段）に従わなければならないことが明記されることが予想される。"
しかしながら、物理的な道路標識に示されていない、運転関連の交通規則を電子化した信頼性の高い形式は現在存在しない。

Electronic Repository of Unsigned Traffic Rules

T. Russell Shields
russell.shields@outlook.com

Representing ITU as the Chair of the ITU Collaboration of ITS Communications Standards

個々の営利団体が、管轄区域毎に標識化されていない運転関連の交通規則の電子リポジトリを作成/維持することは関連する交通規則の不正確な表現による安全上の問題を引き起こすリスクがある。

- WP.29 は第 189 回セッションで、物理的な道路標識では表現されない運転関連の交通ルールの電子リポジトリの価値について議論した。
- 契約当事者および出席する専門家は、一般に、ADS をサポートするそのような機能を持つことに関心を示した。
- 物理的な道路標識に表されていない運転関連の交通ルールの電子リポジトリの作成を検討するよう WP.1 に要求することに合意した。

ITU は、物理的な道路標識に表されていない（以下の事項を含む）運転関連の交通ルールの電子リポジトリの作成と維持を検討するグループを WP.1 に設立することを推奨する。
- 署名のない交通ルールを電子形式でどのように構成するかを決定する（英国と ISO TC 204 がこの分野で活動中）
- 電子データの作成方法と必要な労力
- このような電子データを最新の状態に保つ方法と必要な労力

ITU は、WP.1/UNECE が望むあらゆる方法で、このような活動において WP.1 をサポートする。

ユーロメッド地域における交通事故データ収集システムとデータ共有の改善

国	国家報告による死亡者数	WHO 推定死亡者数	差異	差異 %
Egypt	8211	9287	1076	13%
Lebanon	576	1090	514	89%
Tunisia	1443	2595	1152	80%
Morocco	3785	6917	3132	83%
Algeria**	4540	9337	4797	106%
Jordan	750	2306	1556	207%

EuroMed TSP 取組
- パートナー国のデータ収集システムを徹底的にレビューし、関連するすべての利害関係者の関与を促進した。
- 知識の移転と能力開発のサポート。
- 各国内/WHOとの部門間協力の促進。
- データ品質の問題を解決するためのすべての必須知識と実装の具体的な手順を含む重要なレポートを公開

- パートナー国　取組
- グッドプラクティスの共有と知識/経験の交換
- データシステムの改善に率先して取り組んだ
- データを改訂/更新するためのパイロット研究を実施
- 分野間の協力において明らかな進歩を遂げた

運転に関する遠隔活動

WP.1における遠隔運転検討経過

- 2017年9月75th:WP.1 から遠隔運転への取組開始が指示された。
- 2019年9月:遠隔運転に関する決議草案を提出(英国)。
- 2021年9月:遠隔運転に関する非公式協議文書を提出(英国)、改訂の後、ドイツとフィンランドからの支持を得た。
- 2023年3月WP.1にて遠隔運転に関するパネルディスカッションを開催、遠隔管理論文を提出。論文が再構成、改訂され、遠隔管理が統合された。

遠隔支援と遠隔運転の定義(ドイツ)

遠隔支援:
遠隔支援には、ADS が動的制御を備えている一方で、車両の内外の安全をサポートするための対策が含まれる。
遠隔支援には次の措置が含まれる。

a. 完全な状況認識を必要とせずに、常に車両の位置を含む一般的な車両状態の監視。
b. 車両内部の一般的な監視、特に乗客と貨物の状態。
c. 必要に応じて支援を要請し、技術的なインシデントや故障の管理。
d. 運転タスクの戦略的要素の提供。
e. ADS に特定の操作実行の指示、またはADS が提案した操作の承認。
f. 当局、初期対応者、その他の道路利用者とのコミュニケーション。

遠隔運転:
遠隔運転とは、自動運転車の外にいる人が、即時かつ安全性を重視した介入を目的として路上での作動を監視するなど、自動運転車の動的制御の全部または一部を実行する状況を意味する。このような場合、彼らはドライバーとみなされ、自動運転車の動的制御に対する単独の責任を負う。

遠隔操作研究結果

リモート運転
(RD Driving)
「RA、RMa、RD では車両機能の問題を解決できない、限られた時間内におけるAVの動的運転タスク(DDT)の遠隔制御。

リモート管理
(RMa Management)
「AV システムが独立して続行できない場合に、システム作動を開始するための指示をAVにリモートで提供。」

リモート支援
(RA Assistance)
「AVユーザーまたはAVの近くにいる外部エージェントへの支援および/または情報の遠隔提供(例:緊急対応、車両回収)」。

リモート監視
(Rmo Monitoring)
「AV、ユーザーの状態、環境要因を遠隔から観察し、意思決定に影響する問題の予測と特定をサポート。」

OSD (Operator Sequence Diagrams) の主な調査結果

1. リモート支援とリモート管理が頻繁に(予想以上に、リモート運転よりも多く)、同時に発生した。
2. 「最後の手段」としてリモート運転が必要になることはまれであった。
3. シナリオは複雑であり、複数の「エージェント」が存在するため、状況認識の共有が重要であった。車両の乗員やその他の外部エージェントに焦点を当て、さらなる研究が必要。
4. 運転と同様に、遠隔操作はさまざまな自動化レベルで作動し、人間の役割に影響を与えた。

遠隔操作におけるさらなる人的要因の問題

- 誤用、乱用、不使用
  - 遠隔操作に関するネガティブな問題を検討することが重要
- 訓練の必要性
  - 特定のスキルや経験が遠隔操作の向上につながるだろうか?
- 遠隔操作への信頼
  - システム主体と一般社会のさまざまな視点から
- 遠隔操作でのVR/AR/XRの利用

LIAV（Legal Instrument on the use of Automated Vehicle in traffic）

- この専門家グループは、国内および国際交通における自動運転車の使用に関する「新しい法的文書の草案」を作成し、自動運転車の使用に関する規則を調和させるために設立された。
- 対処すべき問題を特定し、「新しい法的文書の草案」に情報提供するために、専門家グループは、WP.1 の後援の下で条約と決議のギャップを共同で評価し、問題を特定する。
- 2024 年 6 月までに評価と推奨事項を WP.1 に提出し、審査と承認を得る予定。
- WP.1 は、このグループの監督機関である。
- 専門家グループの主な成果は、1949年（ジュネーブ条約）および1968年（ウィーン条約）の道路交通に関する条約を補完すると予想される新しい法的文書を起草することである。
- 専門家グループは、WP.29 の作業グループと使用規則とAV仕様との整合性に特に配慮し道路交通に関する既存の条約の締約国だけでなく、他の UNECE 機関など 他の関連利害関係者からの貢献を求めるべきである。

LIAV案の再検討／修正提案

- 当グループの主な成果は、WP1 の後援に基づく 1949 年および 1968 年の条約および決議における潜在的なギャップの完全な評価に基づいて、新しい法的文書の草案の必要性を特定し、特定されたギャップを解決する可能性のある推奨事項を作成することである。
- 推奨事項には、検討されたさまざまな解決策の概要と、推奨された解決策が選択された理由の根拠が含まれる。
- WP.1 が新しい法的文書が必要であると判断した場合にのみ、グループはその調査結果に基づいて WP.1 承認のための法的文書草案を作成する。
- 法的文書草案は、交通安全分野のみで自動運転車に対処するものであり、1949年および1968年の道路交通に関する条約、あるいはその他の国連条約や協定に基づくいかなる締約国の権利や義務も妨げるものではないと期待されている。
- 必要に応じて、新しい法的文書には、国際交通における自動運転車両の安全な配備のための一連の法的規定が含まれる可能性があるが、これらの規定は、特に交通安全、特に交通弱者の安全を確保することを目的としている。

内陸輸送における温室効果ガス排出削減に関するITC戦略の進展

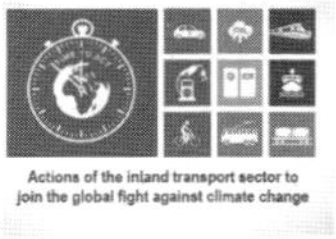

Development of the ITC Strategy on reducing greenhouse gas emissions in inland transport

- ITC委員会事務局および関連する補助機関と緊密に協力し、委員会の管轄下で内陸輸送における温室効果ガス（GHG）排出量を削減するための野心的な戦略文書を作成し、内陸輸送における優先行動を盛り込むよう要請。
- ITC運輸委員会とその関連するすべての補助機関は、2024年の委員会における採択を目指す。
- 事務局に対し、気候変動と内陸輸送に関する委員会への詳細な報告を通じて、2024年の委員会から隔年で報告するよう要請。

- 気候変動に関する目標、公約、解決策の安全かつ効率的な達成支援のため、関連する補助機関／条約機関に国連内陸輸送法文書のタイムリーな改正の優先を要請。
- 関連する補助機関に燃料／エネルギー使用効率の改善を通じて温室効果ガス排出量の削減に貢献する性能要件とITS関連の法的手段の調和努力の継続を要請。
  - トランスポートネットワークの効率的な使用
  - 利用可能な場合の自家用車から公共交通機関への切り替え
  - 電力網（電気自動車）および自動化のための柔軟な負荷および貯蔵リソース
- 主要な国連内陸輸送条約のデジタル化に向けた取り組み強化を要請

自動運転車両の安全性のための人的要因の原則と手順 － 草案

27. デザインにおいてユーザーの多様性を考慮する:
    a. 設計プロセス中に、さまざまなユーザー グループの多様なニーズを考慮し、それに対応する。

28. 包括的なユーザーテスト:
    a. 実際のユーザーによるユーザー テストを実施して、HMI 設計を検証する。
    b. 年齢や経験などの要素を考慮した代表的なテストを通じて、ADS の安全性、使いやすさ、ユーザーの受け入れやすさを評価する。

29. 現場でのシステムパフォーマンスの監視:
    c. 実際の導入シナリオにおけるシステムのパフォーマンスを継続的に監視する。

30. フォールバック ユーザーがいる車両の場合:
    d. 関連する二次タスクを検討し、ユーザーが制御を引継ぐのに必要な時間への影響を評価する。
    e. ドライバー監視システムが安全に関連したドライバーの状態を正確かつ信頼性高く検出できることをテストする。
    f. 警告介入の有効性をテストする。

31. 現実的なテスト環境を使用する:
    g. 車両の実際の運用設計ドメイン（ODD）を厳密に反映した環境でテストを実施する。
    h. 通常および計画外の移行、および最小限のリスク操作に対するユーザーの反応をテストする。
    i. 安全な場合は、他の道路利用者もこのテストに参加させる。

自動運転車両の安全性のための人的要因の原則と手順 － 草案

32. 人間中心の開発とテストのプロセスを文書化する:
    j. 潜在的な安全性監査を促進するために、開発およびテストのプロセス全体を徹底的に文書化する。

結論

- このヒューマンファクターの原則と手順のリストは、安全でユーザー中心の自動運転車を設計するためのロードマップとして機能する。これらの原則を遵守し、概説された手順に従うことは、自動運転車によってもたらされる多面的な人的要因の課題に効果的に対処するのに役立つ。
- 手動運転を許可する自動運転車の場合、この原則では、ユーザーが重要な情報、モード移行、アラートにアクセスできるようにする、明確で観察可能で直感的なインターフェイスの重要性が強調されている。さらに、この原則は、コントロールの維持、コントロールのスムーズな移行の確保、信頼と透明性の促進、多様なユーザー ベースへの対応の重要性を強調している。これらの原則は、効果的な設計、コミュニケーション、ユーザーの役割の理解を通じて、ユーザーエクスペリエンスと全体的な安全性を向上させることを目的としている。
- 手動運転機能のない自動運転車の場合、原則はすべての乗客のアクセシビリティと情報の透明性を重視ししている。乗客の援助、停車時の制御、緊急事態のニーズに対応する。自動運転車両と他の道路利用者との間の安全なやり取りをサポートするための原則も提供されている。
- 人間中心の設計手順は、実用的なステップを提供することで設計プロセスをさらに強化する。これらの手順には、ユーザーのニーズの定義、リスクの軽減、ガイドラインと標準の検討、ユーザーのテスト、システムの監視、モードの定義、コミュニケーション戦略、間違いの特定、二次タスクの影響評価、および文書化が含まれる。さらに、手順では、包括的なテスト、多様性の考慮、明確な文書化の重要性が奨励されている。

自動運転車両の安全性のための人的要因の原則と手順 － 草案

15. 予測可能性と一貫性:
   a. 他の道路利用者が自動運転車の作動を予測できるようにするために、自動化は、他の道路利用者がよく知っている確立されたルール、規範、慣例に従って、さまざまな交通状況で予測どおりに作動する必要がある。
   b. 他の道路利用者を混乱させ、衝突の危険を高める可能性がある、突然または不安定な行動は避ける。

16. コミュニケーション:
   a. 車両が自動運転されているときに他の道路利用者や法執行機関に信号を送る外部ディスプレイを備える。
   b. 標準化された視覚的な合図、信号、表示を使用して、「曲がる」、「停止する」、「道を譲る」などの行動を示す。
   c. 歩行者からの手信号や自転車からのジェスチャーなど、他の道路利用者からのコミュニケーションに自動運転車が応答できるメカニズムを作成する。

17. 道路を共有する:
   a. 交通弱者と安全に交流する。
   b. 道路工事、人的交通規制、緊急車両を検知し、安全に対応する。

18. 教育と啓発:
   a. 乗客、歩行者、自転車利用者、その他のドライバーに、自動運転車の独自の機能や制限を含め、自動運転車と安全にやり取りする方法について知らせるための啓発キャンペーンや教育的取り組みを展開する。

19. 対象ユーザーとそのニーズ、ユースケース、インターフェイスを指定する:
   a. 確立された手順に従い対象となるユーザー、ニーズ、使用例、インターフェイス要件を定義する。
   b. 明確なユーザーの役割と責任を確立する。

自動運転車両の安全性のための人的要因の原則と手順 － 草案

20. 使用に関連した危険を特定し、軽減する:
   a. 使用に関連する潜在的な危険性を特定し、重要なタスクを分類する。
   b. これらの危険に対処するためのリスク軽減または管理措置を開発および実施する。

21. 関連するガイドラインと基準を参照する:
   a. HMI の概念を定義、評価、検証する場合は、関連する知識体系、ガイドライン、標準を参照する。

22. 自動運転モードとユーザー インタラクションを定義する:
   a. 考えられるすべての自動運転モードと設定を明示的に定義し、ユーザーがそれぞれをどのように操作するかを概説する。

23. アクティブな運転モードの効果的なコミュニケーション:
   a. 関連するアクティブな運転モードをユーザーに伝える効果的な方法について説明する。

24. 間違いと誤用ケースを特定する:
   a. HMI および自動運転システム（ADS）に関連する予見可能な間違いや誤用ケースを特定する。

25. 作動ドメインを明示的に定義する:
   a. 車両とオートメーションが作動することを目的とした動作ドメインを明確に定義する。

26. エラーを回避するためにユーザーの役割を設計する:
   a. ユーザーと自動化の両方の役割を設計して、権限と責任を調整し、エラーやフラストレーションを回避する。

自動運転車両の安全性のための人的要因の原則と手順 － 草案

5. 信頼と透明性:
   a. ユーザーの役割と責任を明確に示す。
   b. 自動化の仕組とその制限についての透過的なコミュニケーションを通じて、適切な信頼を育成する。
   c. 一貫した対話ロジックと ADS の作動を保証する。
   d. ADS の意図とアクションを常に明確に伝える。

6. 機能制限に関するトレーニングと通知:
   a. ADS の安全な使用に関するトレーニングと習熟のための書面とサポートをユーザーに提供する。
   b. ドライバーの責任と介入が必要になる可能性のある機能制限についての情報をドライバーに提供する。
   c. 誤解を招く用語や ADS 機能の誇張表現は避ける。

7. 障害と警告の検知:
   a. 自動化は障害を検知し、機能の低下をユーザーに通知する必要がある。
   b. ADS 運転の緊急時であっても、ユーザーの即時介入を期待してはならない。
   c. 自動化の誤動作の場合は、自動化のオーバーライドまたはスイッチオフを有効にする。
   d. ADS は、車両を最小限のリスク状態に置くつもりであるときに信号を送信する必要がある。
   e. 予期しない状況やエラーを適切に処理できるようにシステムを設計する。
   f. システム障害または緊急時のユーザーの対応について明確な指示を提供する。

8. アクセシビリティと公平性:
   a. 障害のあるユーザーや特定のニーズを持つユーザーを含む、幅広いユーザーに対応できるようにインターフェイスを設計する。
   b. あるグループが別のグループよりも不利になることを避ける。

自動運転車両の安全性のための人的要因の原則と手順 － 草案

9. 明確で直感的なインターフェイス:
   a. 車両のインターフェイスは、物理的であってもデジタルであっても、直感的でユーザーフレンドリーである必要がある。
   b. 車両の状態、ルート、目的地までの進捗状況、到着時間、および必要なアクションに関する明確な情報をユーザーに提供する。

10. 乗客制御の停車:
   a. 乗客が自分の都合に合わせて停車を要求できるようにする。
   b. 乗客が緊急時に停止を指示できるようにする。

11. すべての乗客のアクセシビリティ:
   a. すべての乗客が制御とディスプレイにアクセスできるようにする。

12. 効果的な環境制御:
   a. 効果的な空調等気候制御システムを導入して、車内の快適な環境を確保する。

13. 迅速な人的支援:
   a. 乗客が必要なときにすぐに人間の援助を受けられるように、「ヘルプ」ボタンを組み込む。

14. 透明性のある情報:
   a. 車両の作動を明確に理解できるように、乗客が情報を利用できるようにする。
   b. 安全機能と安全な相互作用のためのガイドラインを伝える。

パーソナルモビリティおよび持続可能かつ包括的なモビリティを促進するその他のデバイス

超小型モビリティ車両が関与した事故

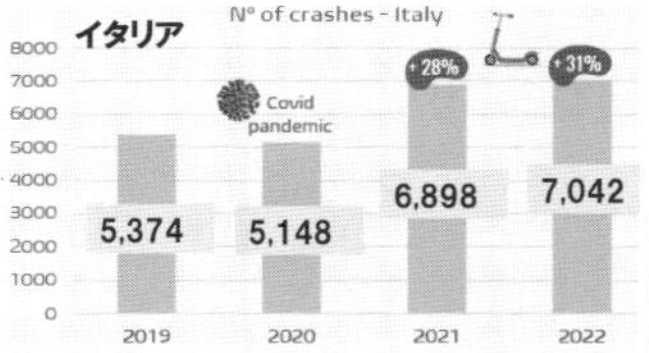

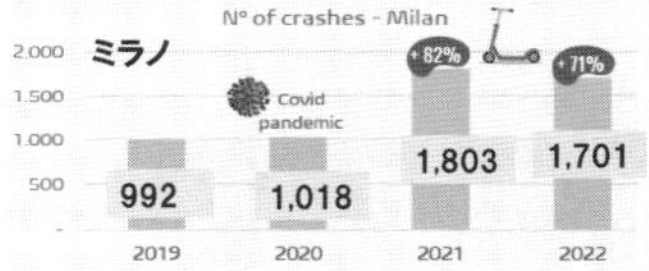

電動スクーターの持続可能性
電動スクーターは「ラストマイル」問題に対する持続可能な解決策となるため、急速に普及。
電動スクーターの安全性
速度や質量の異なる車両間での道路空間の共有により、相当数の事故が発生。

ルールは広く無視されている。ナンバープレートは、ルールが遵守されていることを確認するために不可欠な要素である。

頭部への衝撃は、電動スクーターのライダーにとって非常に危険である。ドライバーの年齢に関係なく、ヘルメットの着用を義務付けるべきである。

スピードは走行安定性にとって重要な要素である。舗装状況や気象条件に応じて調整する必要がある。

電動スクーターと他の車両が道路スペースを共有することは危険である。インフラは新しいニーズに適応する必要がある。

自動運転車両の安全性のための人的要因の原則と手順 － 草案

1. 明確で直感的な表示:
   a. ユーザー インターフェイスに情報を明確、シンプル、そして曖昧さなく表示する。
   b. アクティブまたは利用可能な場合、自動化モードとステータス情報を継続的に表示する。

2. ユーザーフレンドリーなインタラクション:
   a. ADS とのシンプルで発見しやすく、学びやすい対話を確保する。
   b. 安全でアクセスしやすいインタラクションのためにインターフェイスを配置する。
   c. 混乱を最小限に抑えるため、自動化モードの構造、設定、権限移譲タイプを簡素なものにする。

3. 緊急性を伝える:
   a. 視覚、聴覚、または触覚の合図を組み合わせて警戒や警告に効果的に利用する。
   b. メッセージが緊急度を明確に伝えるようにする。

4. スムーズな制御の移行:
   a. 自動運転システムの意図しないアクティブ化および非アクティブ化はできないようにすべきである。
   b. フォールバック ユーザーに現在の役割がある場合はそれを通知し、その役割に変更がある場合も通知を行う。
   c. ADS と人間のドライバーの間で制御を移行するための、明確でシンプルかつ直接的な手順を開発する。
   d. フォールバック ユーザーに、安全に運転タスクに再従事するための十分な時間を提供する。
   e. フォールバック ユーザーを監視して、手動運転を安全に再開できるかどうかを確認する。
   f. マルチモーダル表示を使用し、警告を段階的に強化し、フォールバック ユーザーを関与させる。

個別報告２

国連における道路交通安全への取組
（WP.1Global Forum for Road Traffic Safety
第87回会合における議論）

ITS Japan　法務主査
佐藤昌之

ITS Japan M. Satoh Legal

WP.1　87th　議題

Economic and Social Council

Distr.: General
30 June 2023

Original: English

Economic Commission for Europe
Inland Transport Committee
Global Forum for Road Traffic Safety
Eighty-seventh session
Geneva, 25-29 September 2023
Item 1 of the provisional agenda
Adoption of the agenda

◎ ITC（内陸運輸委員会）の勧告と決定について：
- ITC 戦略
- 2023 ～ 2030 年 ECE 交通安全行動計画
- 内陸輸送における温室効果ガス排出量を削減するための戦略

◎ 道路交通に関するウィーン条約関係事項：
- 道路交通に関する条約（1968 年）と車両技術基準との整合性
- 運転免許証
- 運転に関連する遠隔活動（リモート）

◎ 将来の道路交通に関する主要な問題：
- ヒューマンファクターと自動運転
- DAS および ADS 車両の光信号および/または可聴信号
- 将来の道路交通：都市の課題と展望

◎ 自動運転車両の使用に関する新しい法的文書の起草に関する専門家グループ（LIAV）の活動

◎ 道路標識および信号に関するウィーン条約（1968 年）関係事項

◎ 道路交通に関する統合決議（R.E.1）関係事項：
- 安全なシステムアプローチ
- アジェンダ 20230 への貢献 － ターゲット 3.6 および 11.2
- パーソナルモビリティデバイスおよび持続可能かつ包括的なモビリティを促進するその他のデバイス

◎ 低・中所得国に焦点を当てた世界的な対話と交通安全能力構築への貢献：

学会関連資料

日本交通法学会第五五回定期総会における業務報告

令和六年五月一八日（土）　於・専修大学

議題一　令和五年業務報告

日本交通法学会は、昭和四五年六月十三日に設立され、以来毎年定期総会を開催して参りました。本定期総会は、第五五回を迎えたことになります。

令和六年四月末日現在の会員数は、個人会員が五四九名（うち賛助会員は四二名）、賛助団体は三〇団体です。

本年度は、理事会を四回、関西支部研究会を一回、人身賠償補償研究会を一回、監事会を一回開催しました。

なお、機関誌「交通法研究」第五一号を有斐閣から本年二月に発刊し、会員、賛助会員に無償配布しました。

議題二　令和五年度会計報告

[令和五年度決算報告書]

〈収入の部〉

総収入	二二、四六三、三三〇円
○会　費	三、五二一、〇〇〇円
○賛助会費・賛助団体会費	二、九七七、〇〇〇円
○入会金	三〇、〇〇〇円
○雑収入（機関誌・預金利息等）	二八三、六三七円
○収入小計	六、八一一、六三七円
○前期繰越金	一五、六五一、六九三円

〈支出の部〉

総支出	二二、四六三、三三〇円
○会議費	一、〇六一、八六八円
総会費	八一二、〇四四円
会議費	二四九、八二四円
○事務費・管理費	二、三五四、〇三九円
事務委託費	二、二〇〇、〇〇〇円
通信・交通費	九三、八九七円
印刷費	六〇、一四二円
○研究会費	一六一、九七九円
○機関誌費	二、五三四、四〇〇円
○雑　費	三四、七六〇円
○予備費	〇円
○支出小計	六、一四七、二三〇円
○次期繰越金	一六、三一六、一〇〇円

日本交通法学会設立趣意書

近時、わが国における交通機関の発達は、極めてめざましいものがありますが、一方、交通災害、交通公害および交通混乱の現象は、きわめて憂慮すべき状態を現出しております。特に自動車人身事故による被害者の救済措置は、満足すべきにはほど遠い現状にあります。実効性ある事故防止策と適正な人身事故補償の早急完全な実施が当面の最重要課題であることは、何人にも明らかなところであります。自動車人身事故の激増が重大な社会問題としてその対策が叫ばれてからすでに十数年を経ており、その間、事故防止と被害者救済の実現をめざし、わが国の学界、法曹界、関係諸官庁、保険会社、その他民間諸団体において、それぞれの立場から真剣な討議が行なわれ、幾多の貴重な成果を得ております。

しかしながら、交通災害増加の現象は、わが国社会の諸要因と極めて複雑に関連し、交通問題に関連する法域は、道路交通法のみならず車両法、運送法等あらゆる分野に拡大されております。

また、人身損害補償の領域について見ても、問題は今日、単に不法行為にとどまらず、民法の他の分野、訴訟法、保険法、社会保障法等の領域におよび、わが国法制の根本に触れるさまざまの問題が提起されているのであります。

今日、このような状況において、われわれは、これら関連するあらゆる分野の研究者が、相互に交流をもち、協力し、もって研究の成果を一層深めることがどうしても必要であると考え、ここに日本交通法学会を設立するに至ったものであります。

日本交通法学会は、交通の円滑・健全化、交通災害・交通公害の絶滅、被害者の完全な救済を希求するあらゆる分野の研究者によって構成され、交通関係法規および交通災害・交通公害とこれにともなう補償に関するあらゆる問題を研究討議し、研究者相互の協力を促進することによって、国民の福祉の増進を期そうとするものであります。

われわれは、ここに日本交通法学会設立の趣旨を明らかにし、その目的に賛同するあらゆる分野の個人又は団体に日本交通法学会への参加を呼びかけるものであります。

昭和四五年一月三一日

日本交通法学会設立準備委員会

朝倉京一　木宮高彦　田邨正義　原島克巳　山田卓生
淡路剛久　倉田卓次　土屋一英　舟木信光　山本寅之助
伊藤利夫　後藤　勇　筒井博司　南　恒郎　吉田淳一
伊藤嘉之　佐野昭一　永光洋一　三宅弘人
河合　怜　椎木緑司　並木　茂　宮原守男
岸永　博　竹岡勝美　野村好弘　山崎東夫　（五十音順）

《ご案内》 在庫につきましては、事務局までお問合せ下さい。

「交通法研究」価格

八・九号―「交通事故賠償と生活保障」……………………二、六〇〇円
八・九号―「人間と道路交通」……………………………二、六〇〇円
一三号―「交通事犯に対する制裁」………………………一、五〇〇円
一四号―「交通事故と原因競合」…………………………一、六〇〇円
一五号―「交通事故と医療費問題」………………………一、三〇〇円
二〇号―「違法駐車をめぐる諸問題」……………………一、七〇〇円
二一号―「外国人労働者への交通事故賠償」……………一、七〇〇円
二三号―「交通事故の裁判外紛争処理解決について」…二、〇六〇円
二四号―「自賠法四〇年の軌跡」…………………………二、一六三円
二五号―「重度後遺障害者の実態とその救済」…………二、〇六〇円
二六号―「交通事故と物的瑕疵」…………………………二、一〇〇円
二七号―「自動車保険の現状と課題」……………………二、一〇〇円
二八号―「交通事故における責任の競合と分担」………二、一〇〇円
二九号―「高齢化社会と交通法」…………………………二、一〇〇円
三〇号―「過失相殺の諸相」………………………………二、二〇〇円
三一号―「自動車の欠陥による事故」……………………二、一〇〇円
三二号―「交通事故による損害認定の諸問題」…………二、一〇〇円
三三号―「交通事故と慰謝料」……………………………二、一〇〇円
三四号―「後遺症」…………………………………………二、一〇〇円
三五号―「自動車損害賠償保障法施行五〇年の軌跡と展望」
……………………………………………………………二、三〇〇円
三六号―「飲酒運転」………………………………………二、四〇〇円
三七号―「鉄道事故をめぐって」…………………………二、三〇〇円
三八号―「自動車関連事故と傷害保険」…………………二、二〇〇円
三九号―「人身損害賠償に関する諸問題」………………二、五〇〇円
四〇号―「自転車事故に関する諸問題」…………………二、四〇〇円
四一号―「交通事故ＡＤＲの現状と課題」………………二、五〇〇円
四二号―「交通事故と責任能力」…………………………二、四〇〇円
四三号―「交通法学の生成と展開」………………………二、〇〇〇円
四四号―「損害賠償の調整」………………………………二、四〇〇円
四五号―「自動車損害賠償保障法六〇年」………………二、一〇〇円
四六号―「自動走行と自動車保険」………………………二、四〇〇円
四七号―「物損をめぐる実務と法理」……………………二、四〇〇円
四八号―「監督義務者の責任とその保険対応」…………二、四〇〇円
四九号―「地域におけるモビリティ」……………………二、五〇〇円
五〇号―「定期金賠償に関する理論的・実務的課題」…二、六〇〇円
五一号―「交通賠償と人身傷害保険」……………………二、四〇〇円

「人身賠償・補償研究」第一巻
第一回から第一一回までを掲載 ……………………………二、〇〇〇円
「人身賠償・補償研究」第二巻
第一二回から第二六回までを掲載 …………………………二、〇〇〇円

（除・一七回、一九回（過失相殺の法理）、二二回、二三回、二四回）

「人身賠償・補償研究」第三巻

第二七回から第三九回までを掲載……………………二、六〇〇円

「人身賠償・補償研究」第四巻

第四〇回から第五〇回までを掲載……………………二、六〇〇円

「人身賠償・補償研究」第五巻

第五一回から第六五回までを掲載……………………三、〇〇〇円

（問合せ先）　日本交通法学会事務局

〒100―0013　東京都千代田区霞が関一―一―三　弁護士会館一四階

公益財団法人　日弁連交通事故相談センター内

電話〇三（三五八一）四七二四

日本交通法学会の研究助成について

一　日本交通法学会（以下、単に学会という）は会員の研究奨励のために研究費を支出します。総額は毎年二〇〇万円程度をめどとします。

二　奨励研究には、共同研究と個人研究とがあります。

(ア)　共同研究は、会員が主となっているグループの研究であり、それに対しては、五〇万～一〇〇万円の研究費を交付します。

(イ)　個人研究は、会員個人が行う研究であり、それに対しては三〇万円の研究費を交付します。ただし、特別の理由があるときには、増額することもあります。

三(ア)　研究費の交付を受けた者（グループおよび個人）は、次年度の学会において報告するように努め、それができないときは中間報告書を三月末までに学会宛提出して下さい。

(イ)　研究費の交付を受けた者は、次年度に発行される機関誌『交通法研究』のために報告原稿を提出する義務を負っていただくことを原則とします。

(ウ)　研究費は申請にかかる研究の費用にあてるものとし、年度末に所定の会計報告を学会宛提出していただきたい。

四　研究期間は一年を単位とし、同一研究課題について最大二回まで研究費の交付を受けることができます。ただし、二回目の申請については、他の新規申請と同列に扱うものとします。

五(ア)　研究分野は、伝統的な研究分野（民事法、刑事法、行政法など）のみならず、複数の法分野にまたがるもの、また、他の学問領域にまたがる学際的な研究も歓迎します。

(イ)　研究対象の範囲としては、陸上交通、海上交通、航空など交通の類型に制限なく問題の類型も事故、安全、汚染など交通法に関連するすべてを含むものとします。

六　研究費の交付は、研究委員会において慎重、厳正に選考した上、理事会において決定します。

七　応募ご希望の方は申請書類の送付を事務局宛請求して下さい。

〒100－0013　東京都千代田区霞が関一－一－三　弁護士会館一四階

公益財団法人　日弁連交通事故相談センター内

日　本　交　通　法　学　会

日本交通法学会研究助成応募要項

令和七年度の応募要項は次のとおりです。

(1)　応募締切　令和七年四月末日

(2)　交付決定　令和七年五月下旬

応募者には採否をお知らせします。

(3)　交　付　日　決定後できるだけすみやかに交付します。

(4)　研究期間　令和八年五月末日

日本交通法学会研究（個人・団体）助成年度別一覧

昭和五二年度
　伊藤高義　自動車事故による損害賠償の社会保障化について
〃　椎木緑司　1、交通事故による重傷後遺障害者の実情とこれに対する救済制度の実情・改善創設等の分析及び総合研究
　　2、後遺傷害補償の合理的・科学的認定・障害等級表の器質的・機能的分析及び社会・経済的要因を加味した改善の研究
五三年度　野村好弘　交通法における住民参加と情報公開のあり方に関する研究
五四年度　桜田一之　システムの分析による道路交通法の研究
　―実態調査を中心として―
五五年度　西島梅治　損害賠償と保険金の重複給付の調整に関する研究
五六年度　椎木緑司　社会構造的な特殊不法行為としての自動車事故と責任及び自動車保険の特性
五七年度　森嶌昭夫　損害補償システムの将来構想について
　―ニュージーランド・オーストラリア・イギリス・カナダにおける救済制度の検討を通じて―
五八年度　小賀野晶一　東北地方における交通事故紛争の処理の研究
　―損害額の算定の地域性を中心として―
六〇年度　植木哲　運行供用者責任の再検討
六二年度　山野嘉朗　フランスの交通事故賠償補償法の立法過程
平成一〇年度
　椎木緑司　自動車損害賠償保障制度及び自動車保険発達の回顧と将来の展望並びに諸対策
一七年度　肥塚肇雄　人身傷害補償保険契約の「被保険者」の意義と「胎児」の法的地位――人身傷害補償保険契約の法的構造を明らかにするために――
二一年度　二木雄策　死亡慰謝料の計量分析

日本交通法学会規約

第一章　総　則

（名　称）

第一条　本会は、日本交通法学会と称する。

（事務所）

第二条　本会の事務所は、東京都千代田区内に置く。

（目　的）

第三条　本会は、交通および交通災害に関連する諸法の研究を行ない、もって交通に関する公共の福祉の増進を図ることを目的とする。

（事　業）

第四条　本会は、前条の目的を達成するため、左の事業を行なう。

一　調査研究計画の立案および実施

二　研究報告会・講演会の開催

三　機関誌その他刊行物の発行

四　研究者相互の交流および内外の学会その他諸団体との連携と協力

五　その他本会の目的を達成するために必要な事業

第二章　会員および賛助会員

（会　員）

第五条　交通および交通災害に関連する諸法を研究する者は、本会の会員となることができる。

2　本会の会員になろうとする者は、会員二人の推せんにより入会の申込みをし、理事会の承認を得なければならない。

（賛助会員）

第六条　本会の目的に賛同し本会の事業を賛助しようとする個人または団体は、理事会の承認により賛助会員となることができる。

2　賛助会員は、研究報告会・講演会に出席し、機関誌の配布を受ける。

（会　費）

第七条　会員および賛助会員は、総会の定めるところにより、会費を納入しなければならない。

（退　会）

第八条　会員および賛助会員は、左の各号の一に該当する場合には、退会したものとする。

一　本人が退会を申し出たとき
二　会費の滞納により理事会が退会を相当と認めたとき
三　本会の名誉を傷つけたことにより理事会が退会を相当と認めたとき

第三章　機　関

（総　会）
第九条　本会は、毎年一回通常総会を開催し、必要があるときは、随時臨時総会を開催する。

（招集者）
第一〇条　総会は、理事長が招集する。
2　総会員の五分の一以上の者が会議の目的たる事項を示して臨時総会の招集を請求したときは、理事長は、すみやかにその招集をしなければならない。

（招集手続）
第一一条　総会の招集は、会日の一四日前までに総会の日時、場所および議題を会員に書面で通知して行なう。

（審議事項）
第一二条　総会は、左の事項を審議する。
一　理事・監事の選任
二　決算の承認
三　規約の改正
四　その他理事会または総会において審議することを相当と認めた事項

（議　決）
第一三条　総会の決議は、この規約に別の定めがある場合のほか、出席会員の議決権の過半数で決する。
2　会員は、代理権を証明する書面を提出して出席会員にその議決権の行使を委任することができる。

（理事・監事の設置）
第一四条　本会に左の役員をおく。
一　理事　三五名以内
二　監事　二名
2　本会に名誉理事若干名をおくことができる。

（選　任）
第一五条　理事・監事は、総会において会員の中から選任する。
2　名誉理事は理事会の議を経て、これを委嘱する。

（任　期）
第一六条　理事・監事の任期は、その就任後二回目の通常総会の終結に至るまでとする。

2　補欠または増員により選任された理事または監事の任期は、その他の理事または監事の任期の残存期間とする。

（理事の職務）

第一七条　理事は、理事会を構成し、会務を執行する。

（監事の職務）

第一八条　監事は、本会の会計および会務執行を監査する。

（理事長）

第一九条　本会に理事長一名を置く。

2　理事長は、理事会において理事の中から選任する。

3　理事長は、本会を代表し、会務を総括する。

4　理事長に事故あるときは代行を置く。

（理事会）

第二〇条　理事会は、本会の運営に関する重要事項を審議決定する。

2　第一〇条第一項、第一三条第一項の規定は、理事会に準用する。

（委員会）

第二一条　本会に研究・広報・財務・資格審査その他の委員会を置くことができる。

2　委員会に関する事項は、理事会において定める。

第四章　会　計

（経　費）

第二二条　本会の経費は、会費・寄付金その他の収入をもって充てる。

（会計年度）

第二三条　本会の会計年度は、毎年四月一日に始まり、翌年三月三一日に終わる。

2　決算は、次年度の通常総会において承認を得なければならない。

第五章　規約の変更

（規約の変更）

第二四条　この規約は、総会において出席会員の三分の二以上の同意により変更することができる。

第六章　付　則

（施行期日）

第二五条　この規約は、昭和四五年六月一三日から施行する。

（経過措置一）

第二六条　本会設立準備委員会の委員および第一回総会前に同委員会によって推せんされた者は、第五条第二項の規定にかかわらず、本会の会員となることができる。

（経過措置二）

第二七条　本会設立準備委員会は、第一回総会前に会員の中から理事・監事の職務を行なう者を委嘱することができる。

2　前項により理事・監事の職務を行なうことを委嘱された者は、第一回総会において理事・監事が選任されるまでその職務を行なう。

第六章　付　則（昭和五七年五月八日改正）

第一四条第一項の改正規約は、昭和五七年五月八日から施行する。

付　則（平成六年五月二八日改正）

第一四条第一項の改正規約は、平成六年五月二八日から施行する。）＝理事増員三〇名～三五名

付　則（平成八年五月二五日改正）

第二条及び第一九条第四項の改正規約は、平成八年六月一日から施行する。

告　知

当法学会出版物からの複写に係る令和五年度著作権使用料として、学術著作権協会より一一五、二五一円の分配を受けましたので通知します。

なお、令和六年度著作権使用料については、分配金の算出および送金が遅滞している旨の通知があったため、次号にて通知します。

二〇二四年一二月

日本交通法学会

理事長　新美育文

会員各位

日本交通法学会役員名簿（令和六年度）

「日本交通法学会」入会案内

一　日本交通法学会について

日本交通法学会（Japan Association of Traffic Law）は、関係各方面の積極的な賛同を得て、昭和四五年六月一三日に設立されました。

本学会は、交通及び交通災害に関連する諸法の研究を行い、もって公共の福祉の増進を図ることを目的として設立されたものです。

本学会は、昭和五四年四月、日本学術会議内規に基づき登録学協会として、同会議に登録申請手続を行いました。これにより、日本学術会議及び各分野の学協会との緊密な連携協力関係の維持、強化が図られることになります。

二　学会の事業計画

本学会は、交通の円滑健全化、交通災害・交通公害の絶滅、被害者の完全な救済を希望するあらゆる分野にわたる研究者の相互協力によって交通災害・交通公害の防止と被害者救済に関する法的諸問題の解決に大きな役割を果たそうとする点に際立った特色があり、したがって、その事業については、次のような点に重点がおかれます。

(1)　調査研究計画の立案及び実施

本学会には、研究委員会が置かれています。

研究委員会は、学者、裁判官、行政官、弁護士、保険会社等関連分野の研究員が網羅されたユニークな構成を有しており、各分野にわたる諸問題について資料・情報を交換して、的確な問題提起を行ない、必要に応じ共同調査・共同研究を立案企画し、広く会員の要請に応じて、これを強力に立案・実施する体制をとっています。

(2)　刊行物の発行

本学会は、毎年機関誌「交通法研究（Traffic Law Journal）」を発行しています。このほか会員の研究成果を必要に応じて適宜刊行することを予定しています。本学会は、専門的研究者集団であるとともに、優れて実践的な性格を有する団体であり、したがって、機関誌等刊行物の内容も、最高度の理論的水準を保つとともに実務に直結する解説研究を広くとりあげることとし、また、最新の資料・情報を継続的に提供するなどの会員の利便に供することとします。

(3)　研究会の開催

毎年定期総会の際にシンポジウム、個別研究報告を行なうほか、いくつかの常設研究会を開催し、会員及び賛助会員の相互交流、共同研究の場としています。研究会としては、現在、人身賠償補償研究会が活動しています。入会手続は、別添入会申込書に所定事項をご記入の上、事務局宛お送りください。

(4)　研究助成

毎年、会員の独創的な研究を奨励するため、研究助成金を出しています。申請手続など詳しいことは、事務局にお問い合わせください。

三　学会の組織について

本学会は、交通災害に関する諸法に関連するあらゆる分野の研究者・実務家によって構成されます。

本学会組織は、総会を最高機関とし、そのもとに置かれた理事会が中心になり組織を運営します。さらに、委員会は、研究調査等の実質的活動の企画実施を図り、監事は会計及び会務執行を監査しています。なお、理事が委員を兼ねることにより、機能的な運営を図っています。

本学会の事務局は、末尾のとおりです。

四　賛助会員の地位について

賛助会員は、本学会の目的に賛同し、その事業を賛助しようとする個人又は団体であり、シンポジウム、研究報告会・講演会に出席することができ、また機関誌等の無償配布を受けます。

五　入会要項

本学会への入会要項は、次のとおりです。

入会資格……本学会の目的に賛同し、その事業を賛助しようとする個人又は団体。

入会金……二、〇〇〇円（入会の際に必要になります。）

年会費……正会員（個人）＝七、〇〇〇円
賛助会員（個人）＝一口七、〇〇〇円・一口以上
賛助会員（団体）＝一口四、〇〇〇円・原則一〇口（四〇、〇〇〇円）以上

※団体の規模によっては減口の配慮もいたします。

申込方法……入会申込書（別添）に以下の必要事項を記載の上、業務委託先である㈱毎日学術フォーラム（〒100-0003　東京都千代田区一ツ橋一―一―一　パレスサイドビル）宛てに送付してください。

【必要事項】①申込年月日　②会員種別・会費口数　③氏名又は団体名（団体は担当者名も併せて記載）④職業又は事業の種類（弁護士は登録番号）⑤学会から連絡可能な住所　⑥学会から連絡可能なメールアドレス　⑦学会から連絡可能な電話・FAX番号　⑧推薦者氏名（二名）

※推薦は本学会員二名によるものですが、推薦者がいない場合は賛助会員としてお申込みください。

※お申込みの際、人身賠償補償研究会に参加ご希望の方は、連絡事項記載欄に、その旨明記してください。ただし、研究会にご出席できる方のみに限定させていただきます。

※入会申込受付後の手続：本学会は、入会のお申込みを受けて、直近で開催する理事会（年四回開催）で入会の承認手続を行います。

払込方法……上記入会手続終了後に本学会から送付する銀行振込み又は振替用紙を利用して入会金及び年会費を振り込んでください。なお、連絡欄には会費口数を明記してください。銀行振込みに代えて現金為替等の方法で業務委託先である㈱毎日学術フォーラム（〒100-0003　東京都千代田区一ツ橋一―一―一　パレスサイドビル）宛てに直接送付いただいても結構です。

〈事務局所在地〉

〒100–0013　東京都千代田区霞が関一―一―三　弁護士会館一四階
公益財団法人　日弁連交通事故相談センター内
日本交通法学会事務局
電話　〇三（三五八一）四七二四

年　　月　　日

日本交通法学会　御中

氏名　　　　　　　　　　　　㊞

入　会　申　込　書

貴会の設立の趣旨に賛同し、以下のとおり入会の申込みをいたします。

1　希望する会員の種別（いずれかの□にレを入れてください。）及び会費口数
　□正会員　　年会費：１口 7,000 円
　□賛助会員　年会費：１口 7,000 円　　１口以上（　　　　）口
　□賛助団体　年会費：１口 4,000 円　１０口以上（　　　　）口
　　　　　　　　　　　　　　＊入会金はいずれも別途 2,000 円

2　入会申込者の情報
①氏名又は団体名
ふりがな
　　　　　　　　　　　　　　（担当者氏名　　　　　）
②職業又は事業の種類　＊弁護士の場合は括弧内に登録番号
　　　　　　　　　　　　　　（登録番号　　　　　）
③住所等
〒

④メールアドレス
E-mail :　　　　　　　　@

⑤電話・ＦＡＸ番号
電　話：　　（　　　）　　ＦＡＸ：　　（　　　）

3　推薦者（学会員２名）＊弁護士の場合は推薦者不要
①氏名：　　　　　　　　㊞
住所：
②氏名：　　　　　　　　㊞
住所：

4　連絡事項記載欄

〔切り取り〕

社会状況変化を背景とした
人身損害における逸失利益算定　（交通法研究第52号）

2025年2月14日　初版第1刷発行

編集者　日本交通法学会
発行者　江草貞治
発行所　株式会社　有斐閣
郵便番号 101-0051
東京都千代田区神田神保町2―17
https://www.yuhikaku.co.jp/

制作・株式会社有斐閣学術センター
印刷／製本・大日本法令印刷株式会社

ISBN 978-4-641-23349-2